운의 창조

운의 창조

스스로 운명을 개척하는 관상

김민정 지음

츳승

프롤로그
문을 나서는 순간 운명의 갈래는 나뉜다

피부가 백자 같고, 말투가 잔잔한 중년 여성이 찾아와 남편 사진을 건넸다.

"음, 남편분께 좋지 않은 일들이 벌어지고 있네요."

바람 빠진 풍선처럼 생기가 새어 나가는, 운이 꺼지는 형상이었다. 남편 G는 서울 근교 소도시에서 규모가 큰 산부인과를 운영 중이었다. 그런데 의료 사고가 터지면서 병원이 무너질 위기에 처했다고 했다. 산모가 돌연 뇌사 상태에 빠져버린 거다. 생리로는 죽었지만, 생명으로는 죽지 않은 상태. 삶과 죽음의 경계를 오락가락하는 그녀 목숨에 병원의 운명도 위태로웠다. 소생인가, 몰락인가. 의료진의 명백한 실수로 벌어진 이 위기를 어찌 헤쳐 나가야 할꼬. 분노가 치민 피해자 가족들은 병원 앞에서 매일 피켓을 깃발처럼 들고 있는 상황이었다.

"얼른 합의해야 하는데 피해자 측에서 과도한 합의금을 요구해서…."

그녀는 난감함에 말끝을 흐렸다. 거두절미하고 병원장과 피해자의 관상을 살펴야 액운을 풀 실마리가 나올 터였다.

"내일 남편분 모시고 다시 오세요. 사고는 현재 기색을 살피는 게 중요해요. 지금 뇌사 상태에 빠진 산모분 사진도 가져오시고요."

다음 날 실제 만난 G의 얼굴에서는 운이 꺼져 나가는 형상이 뚜렷이 보였다. 그는 한 달 전 운동을 하다가 얼굴이 함몰되는 사고를 당했다. 양쪽 관골(광대뼈)이 바스러졌고, 눈썹과 눈썹 사이의 인당도 패었다. 영화 속 킹콩이 도시를 부수며 산산조각 내듯, 병원을 통째로 날려버릴 만한 액운이 얼굴을 밟고 지나간 흔적이었다. 사주로만 보자면 그의 신상에는 사고 수가 없었다. 그런데 관상에서 사회 활동 운을 보는 관골이 무너지면서 병원이 무너질 만한 큰 사고가 일어났으리라.

사건이 어떻게 전개될지는 뇌사 상태에 빠진 산모의 얼굴에 달려 있었다. 돋보기를 들고 찬찬히 사진 속 얼굴을 들여다봤다. 그녀는 의식을 되찾을 수 있을까? 아니면 숨이 끊어지고 말까? 한참을 살피다 안도의 한숨을 내쉬었다. 눈 밑의 와잠이 윤택한 상태였다. 뽕잎을 잔뜩 먹은 누에처럼 뽀얗고 살이 풍만했다. 와잠은 자궁과 연관이 있어 자식과의 기운을 보는 자리인데, 자녀 운이 좋아 건강한 자식을 얻을 상이었다.

"이 산모분과는 최대한 합의를 늦춰 보세요."

산모 얼굴은 찰색이 환한 편이었고 인당이 매끈한 것으로 보아 단명할 상은 아니었다. 머지않아 깨어날 것을 예견했기에 과도한 합의금으로 급하게 마무리 짓기보다는 때를 기다리라 했다.

얼마 후 G는 홍조 띤 얼굴에 선물 같은 소식을 들고 다시 찾아왔다.

"말씀처럼 산모가 깨어났어요. 정말 감사합니다! 그 덕분에 가족들과도 합의가 원만하게 이뤄졌어요."

그는 양반 하회탈처럼 주름지게 웃었지만, 내 얼굴은 굳어졌다. 화창한 하늘 같은 그의 얼굴에 불운의 그림자가 짙어지는 것을 발견했기에 기뻐할 수 없었다. G는 몇 달 전부터 털갈이하듯 눈썹이 후드득 빠지기 시작한 모양이었다. 중년 운에 해당하는 눈썹 허리는 물론, 성과를 의미하는 눈썹꼬리가 거의 빠지고 없는 상태였다. 그간 성실히 일궈온 자산을 잃을 운의 암시였다.

"병원을 그만 정리하시는 게 좋을 듯합니다. 훨씬 더 힘든 일이 조만간 닥칠 겁니다."

병원 규모도 큰 데다 오랫동안 한 지역에서 입지를 굳혀 왔던 탓에 G는 당혹스러워 했다. 절체절명의 위기 상황에서 도움을 준 것은 고마워했지만, 병원을 폐업하라는 조언에는 선을 그으며 머리를 절레절레 흔들었다.

두 달 뒤 G의 병원에는 화염이 일었다. 엎친 데 덮친 격으로 수시로 의료사고가 난다는 둥, 환자 사망을 은폐했다는 둥, 흉한 소문이 전염병처럼 지역에 퍼져 나갔다. 연이은 악재에 이미지까지 훼손되자 환자가 빠져나가면서 병원은 쇠락한 대저택처럼 텅 비어버렸다. G는 지푸라기라도 잡는 심정으로 시세의 4분의 1도 안 되는 가격에 병원을 부랴부랴 매각해야 했다.

해가 두어 번 바뀌자 G는 해일이 지나간 뒤 잔잔해진 바다 같은 얼굴로 나타났다. 다른 지역으로 내려가 자그마한 병원을 개업했고, 농촌 지역에 의료봉사를 하면서 평온하게 지낸다고 했다.

운은 얼굴에 거주하면서 논다. 이마 언덕을 따라 구르고, 콧대 미끄럼틀을 타고 쌩쌩 나아간다. 동굴 같은 콧구멍을 들락날락하고, 벌어진 입술이 물처럼 쏟아내는 말을 따라 흘러간다. 관상을 본다는 것은 얼굴 놀이터에 찍힌 운의 발자국과 모양을 살피는 일이다. 개구쟁이처럼 한시도 가만히 있지 못하는 운이 대체 어디로 갈지, 그 낌새를 알아차리는 일이다.

"오늘 해고를 당했다고? 마른하늘에 웬 날벼락 같은 소리야?"

"쥐구멍에도 볕들 날이 있다더니, 다 먹고살기 나름이네."

운은 날씨와도 같다. 지금 화창하다고 내일도 내년에도 그러리라는 보장이 없다. 일기예보를 듣듯, 관상으로 운의 기류를 미리 알 수 있다면 액운에 속수무책 당하지는 않을 터다. 태풍이 온다는 걸 미리 안다면, 외출을 삼가거나 안전한 곳으로 대피해 피해를 줄일 수 있다.

때로 얼굴의 살집 속에 숨바꼭질하듯 숨어 있는 운을 발견하기도 한다. 팔랑거리는 오색나비 같은 사람을 만났는데, 직업이 그녀의 기질과 맞지 않았다.

"수학 강사세요? 관상이나 기질을 보니 딱딱한 함수 공식 가르칠 분은 아닌데."

자유분방한 성격, 타고난 색채감, 섬세한 손짓. 그녀에게 맞는 일을 추천했다. 진로 전문가가 아닌 관상가의 말에 왠지 끌린 그녀는 수년간 손에 쥐었던 수학 문제집과 검정 매직을 내려놓았다. 지금은 브러시와 퍼프를 들고 물 만난 물고기처럼 곳곳을 누비며 메이크업 아티스트로 활동하고 있다.

이 책을 쓰면서, 30여 년간 상담실에서 만났던 이들의 얼굴을 떠올렸다. 얼굴마다 지녔던 인생 서사가 의식의 스크린에 필름처럼 흘러갔다. 〈러브 액츄얼리〉처럼 현관을 두드리는 사랑 전선이 짙게 깔렸던 연홍빛 얼굴부터 원빈 주연의 〈아저씨〉처럼 음영이 복선처럼 깔린 얼굴까지 그 뒤로 어떤 서사가 펼쳐질지 어느 정도 그려졌다. 얼굴에 드러나는 운의 낌새들. 관상의 좋은 부분과 보완할 부분을 그들에게 알려주었다.

하지만 상담을 마치고 문을 열고 나서는 순간 운의 갈래는 나뉘었다. 관상을 심심풀이 땅콩처럼 여긴 이들은 그냥저냥 살았지만, 관상가의 조언을 보약처럼 흡수하고 체화하려는 이들은 더 잘살기 위해 스스로 몸부림쳤고, 운도 덩달아 요동치며 전진했다. 셋방에서 다섯 가족이 복작대며 살던 이가 거실이 널찍한 집을 소유하는가 하면, 암이 퍼지기 전에 병을 발견해 대수술을 피하기도 했다. 복의 금광은 찾아서 누리고 불행의 늪지대는 알아서 피하려면, 이제 자아 탐험가가 되어 떠나면 된다. 거울 속에 비친 내 얼굴에 담긴 운의 지형 속으로.

목차

프롤로그 – 문을 나서는 순간 운명의 갈래는 나뉜다 • 5

제1부. 얼굴, 운명을 읽다

1. 20만 명의 얼굴, 20만 번의 만남 • 17
2. 후천 운은 바꿀 수 있다 • 21
3. 거울에 비친 운명 • 26
4. 운명의 궤도 속으로 • 30
5. 불운을 넘어서는 방법 • 38
6. 관상가를 만나기 전 이것부터 • 41

제2부. 모든 해답은 얼굴에 있다

1. 십이궁, 운명을 보는 부위 • 47
2. 삼정, 이마-코-턱을 따라 운명 읽는 법 • 51
3. 오악, 귀인의 얼굴 • 57
4. 사독, 운을 부르는 이목구비 • 61
5. 오관, 운을 움직이는 부서 • 65

제3부. '나'를 알면 가야 할 길이 보인다

1. 얼굴에 드러나는 적성 • 73
2. 공무원이 될 수 있나요? • 79
3. 선거에서 이기는 얼굴 • 82
4. 이마에서 성격을 읽다 • 88
5. 눈썹과 눈썹 사이, 운이 통하는 길 • 93
6. 말년을 나아지게 하는 법 • 97

[페이스 스토리 1] **팔자 주름에 드러나는 직업 운** • 101

[페이스 스토리 2] **귀를 보면 인생이 보인다** • 106

제4부. 얼굴에 그려진 부의 지도를 따라

1. 가난의 얼굴을 벗고 • 115
2. 돈을 부르는 지갑 • 121
3. 만수르, 부를 쌓는 얼굴 • 126
4. 몸에 지니고 태어난 부동산 • 129
5. 얼굴에 적힌 투자 고수의 비법 • 133

[페이스 스토리 3] **코, 현금이 드나드는 통로** • 138

[페이스 스토리 4] **재물의 얼굴** • 145

제5부. 마음과 마음 사이에 길을 내다

1. 영업의 열쇠, 얼굴에 있다 • 153
2. 연애 운을 높이는 방법 • 158
3. 우리 궁합 어때요? • 162
4. 속궁합을 보는 이유 • 167
5. 복을 누리지 못하는 이유 • 171
6. 양날의 검, 도화관상 • 176

[페이스 스토리 5] 인기와 바람기 • 180

제6부. 얼굴, 무언의 신호를 보내다

1. 코에 드러나는 적신호 • 185
2. 점, 운명에 좌표를 찍다 • 189
3. 자궁이 안 좋지 않나요? • 193
4. 롱다리의 허상 • 197

[페이스 스토리 6] 눈썹, 인복이 지나가는 자리 • 201
[페이스 스토리 7] 턱, 말년의 내 모습 • 205

제7부. 운명의 나침반을 따라 나아가다

1. 운이 찾아오는 현관 • 215

2. 운이 좋아지는 신호 • 219

3. 삼재, 고난을 넘는 법 • 225

4. 사기의 표적 • 228

5. 심리 지배 • 234

6. 얼굴로 불운을 다스리는 법 • 239

7. 지켜진 삶 • 244

에필로그 - 가을밤의 우물가 • 249

부록 - 얼굴 유형에 따른 성격과 직업 • 253

제1부
얼굴, 운명을 읽다

20만 명의 얼굴, 20만 번의 만남

"어떤 부분이 궁금하신가요?"

하루 중 가장 많이 하는 말이다. 맞은편 내담자는 운명의 신호를 기다리기라도 하듯 부동자세로 앉아 있다. 침묵의 찰나, 정면에서 그를 살펴봤다. 얼굴색과 모공의 크기, 이마의 시작점에서 턱 끝까지. 얼굴을 들여다볼수록 낯빛이 보자기 같았다. 삶이라는 덩어리를 덮은 얇고 투명한 보자기. 그가 입을 열어 속내를 꺼내기도 전에 낯빛에 그의 내부가 비친다. '음, 이마는 환한데, 눈 밑에 그늘이 졌네.' 나의 동공이 커지면서 그를 줌인했다.

코는 미세하게 휘어졌고 어깨는 굽은 편. 얼굴과 체형을 살피면서 그의 인생사를 풀어본다.

"사업한다고 하셨죠. 망하지는 않으셨나요?"

"네, 빚을 많이 졌습니다."

그는 채무를 감당하느라 수년간 불면증에 시달렸다고 했다. 지금도 빚을 갚는 중인데, 끝없는 터널을 지나는듯 막막하단다. 대화를 나눌수록 그의 굳은 표정이 서서히 풀렸다. 삶을 밑바닥까지 털어놓는 이의 후련함이랄까.

"코가 휘어지면 인생에 굴곡이 있어요. 특히나 코는 재물과 관련이 있어서 코가 휘어진 사람이 사업을 하면 돈을 크게 잃어요."

부도를 겪긴 했지만 그의 운은 나아지는 추세였다. 코끝이 환하고 빛이 났으며, 턱이 U자형이라 말년에 곤궁하지는 않을 것 같았다.

"5년 전과 지금의 모습을 비교해 보세요. 얼굴이 달라지지 않았나요? 사람의 관상은 현재 상황이나 마음 상태에 따라서 변한답니다. 운도 마찬가지죠. 영화 시나리오처럼 정해져 있는 게 아니에요."

가느다란 햇빛이 먹구름을 와해시키듯 그의 얼굴이 밝아졌다. 그래서 몇 가지 조언을 했다. 운을 높이려면 밝은 옷을 입어야 하고 수려한 이마는 모자로 가리지 말아야 한다고. 상담이 끝나갈 즈음 나를 보던 그의 입꼬리가 올라갔다. 마치 감옥에서 금방 탈출한 빠삐용처럼 보였다. 자책과 열패감, 분노에서 벗어난 그는 자유의 몸이 되어 문을 나섰다. 솔솔 불어오는 삶의 미풍에 홀가분한 몸을 맡긴 채로.

평일, 주말 구분 없이 상담에 매진하는 편이지만, 그렇다고 책상에 붙박이로 붙어 있지는 않는다. TV 방송, 유튜브는 물론 외부 행사나 강의도 자주 하다 보니 '관상테이너'라는 별명이 생겼다. '관상가'와 '엔터테이너'의 합성어다. 관상가라고 하면 흔히 구석진 으슥한 골목에 깃발 하나 내건 철학관부터 떠올린다. 머리에 쪽을 짓고, 색동 한복이라도 입고 있어야 하나. 하지만 나는 30여 년을 관상가로 활동하면서 골목 안으로 들어가는 대신 전파나 인터넷을 타고 밖으로 뻗어 나갔다. 거실이나 지하철, 화장실을 가리지 않고 언제 어디서든 만나서 인생의 길흉화복을 터놓고 얘기하는 '개방형' 관상가로 활동했다. 나의 유튜브 라이브 토크쇼에서 관상은 패션이나 미용, 취미와 어깨를 나란히 하는 대화 주제였다.

어느 오후 방송 인터뷰에서 사람을 만나면 그의 관상과 심성이 바로 보이느냐는 질문을 받고 고개를 끄덕였다. 강산이 세 번 바뀌는 동안 20만 명 이상의 관상을 보아 왔으니 그럴 수밖에. 반짝이는 이마나 눈빛에서 운의 성채를 느끼는가 하면, 주름과 주름 사이에 낀 근심을 읽기도 한다. 얼굴은 인생의 압축본이다. 눈썹과 눈썹 사이, 콧구멍, 팔자 주름 속에 길흉화복의 암시가 숨바꼭질하듯 꼭꼭 숨어 있다. 관상가는 조각난 암호들을 찾고 모아서 그의 삶을 해석하는 안내자다. '나'의 운에 대해 '나'보다 더 잘 아는 사람. 누군가의 삶을 손바닥처럼 들여다보는 관상가의 말에는 힘이 실려 있다.

"퇴사하고 사업하면 잘될 것 같죠? 안 그래요."

허영에 들뜬 이를 뜬구름 위에서 밀어내 현실의 땅에 발 딛게도 하고, 반대로 자기 우물에 빠진 이를 건져 올리기도 한다.

내가 만나온 고객층을 나열하자면 대하소설 시리즈 몇 권 분량은 족히 된다. 귓불이 두둑한 기업인부터 짝사랑에 빠진 턱이 조붓한 소심남, 기골이 큰 족발집 아르바이트생까지 다채롭다. 이들이 내미는 인생의 수수께끼는 얼굴 생김새만큼이나 제각각이지만, 5년 미만의 가까운 미래를 궁금해 한다는 점에서는 비슷하다.

좀 색다른 질문을 받을 때도 있다.

"저 내일도 살아 있을 관상인가요?"

"…"

그 말이 지닌 위태로움에 가슴이 철렁거렸다. 절벽에 매달린 사람이

'이 손 놓아버릴까요? 말까요?' 하고 묻는 격이었다. 생의 끝을 염두에 두고 나를 찾아온 사람이니 무슨 수를 써서라도 움켜잡아 끌어올려야 했다. 거짓말을 할 수는 없어서 MSG를 살짝 더해 살맛을 돋우는 답을 내놓았다.

"아휴~ 무슨 소릴. 명이 길어요. 방 문턱 넘듯 백 살은 거뜬히 넘기겠는걸요. 초년에는 고생이 심했지만, 하관을 보니 말년이 풍요롭네요. 조급한 성미만 좀 고친다면!"

그 말을 듣고 절망에 묶인 마음이 풀린 모양이다. 그녀는 영험한 관상가가 아니라 푸근한 말 상대를 찾아 헤매다가 나에게까지 오지 않았을까? 입을 닫고 귀부터 열었다. 눈물 한 바가지에 우여곡절을 줄기차게 쏟아내면 마음에 숨길이 트일 것이기에. 질펀해진 눈을 닦으며 그녀가 자리에서 일어났다.

"원장님, 저 한번 안아주실 수 있으세요?"

그녀를 두 팔로 감싸 안았다. 심장과 심장이 만나는 자리에는 늘 살길이 열린다.

상담을 마치고 집에 돌아오면 밤 10시쯤 된다. 침대에 눕자마자 드르렁드르렁 잠에 곯아떨어진다. 꿈인지 생시인지 어디선가 벨이 울렸다. 새벽의 정적을 깨는 벨 소리가 예사롭지 않다. 불면의 밤, 이불을 뒤척이고 뒤척이다 고심 끝에 걸었을 전화일 것이다. 다급하게 문을 두드리는 듯한 절절한 울림의 소리를 지나칠 수 없어 눈을 비비고 수화기를 들고야 만다.

"네, 관상가 김민정입니다."

후천 운은 바꿀 수 있다

　내 꿈은 본래 작가였다. 한 인물을 조명하면서 생의 희로애락을 담은 구불구불한 서사를 쓰고 싶었다. 학창 시절《테스》를 읽을 때는 순수한 여성의 비극적인 운명에 눈과 마음이 젖어 들었고, 몽상에 빠진 중세 기사의 이야기《돈키호테》는 간질간질한 배꼽을 움켜쥐며 읽었다. 그러고 보니 모두 주인공 이름이 제목인 소설이다. 어릴 적부터 인간의 길흉화복을 들여다보는 일에 흥미를 느끼지 않았나 싶다.
　작가가 되는 것이 내부에서 움튼 꿈이었다면, 관상가가 된 것은 외부에서 내게로 별똥별처럼 떨어진 꿈이었다. 고등학교 시절 여러 개의 매장을 운영하던 어머니의 사업이 흔들리기 시작했다. 엎친 데 덮친 격으로 사기도 당하고 가게에 불이 나기도 했다. 근심이 그득해진 어머니는 고관대작만 상대한다는 소문난 관상가를 묻고 물어 찾아갔다. 어머니를 따라 관상가의 집에 드나들던 어느 날, 반쯤 열린 문틈으로 상담하는 모습이 얼핏 보였다. 나는 미지의 세계로 이끌리듯 고개를 내밀고 방 안을 물끄러미 바라봤다. TV에서 본 재벌 기업인이 방바닥에 양반다리를 틀고 앉아 구구절절 고민을 털어놓는 모습을 보면서 묘한 흥분이 일었다. 기라성 같은 그도 인생의 불확실성 앞에서는 언제 바람에

떨어질지 모를 나뭇잎에 불과했다. 관상가는 길흉화복이 얽힌 인생의 얼개를 쫙 펼치더니 곳곳에 좌표를 찍어 주었다.

"지금은 건설에 투자하시면 안 됩니다. 확장하셔도 안 됩니다. 운이 풀려야 하니까 2년 더 기다리세요."

관상가의 말을 흡수라도 하듯 그는 말없이 고개만 끄덕였다.

운명은 타고나는 것일까? 노력으로 뒤바꿀 수 있는 것일까?

관상가는 누군가의 인생을 어떻게 꿰뚫어 보는 걸까?

질문이 장마철 빗줄기처럼 쏟아지고, '관상'이란 두 글자가 의식 속에 둥둥 떠다닐 무렵 관상가가 어머니에게 뜻밖의 말을 꺼냈다.

"저 아이 눈빛이 총명하니 관상가로 키우면 좋겠어요."

그의 말은 운명의 변곡점이 되어 나를 관상학에 빠져들게 했다. 또래들이 대학 입시에 몰두하던 시기에 나는 동양철학과 역학, 사람의 얼굴을 파고들었다. 해가 떠서 질 때까지 신체에 기호처럼 담긴 음양오행의 이치와 우주 자연의 섭리를 익히기 시작했다.

"사부님, 주름이 안 보이는데 어디 있다는 거예요?"

"어허, 이마에 그려진 석 삼자가 안 보이느냐?"

수백 개의 실주름이 얽힌 사람의 얼굴은 보면 볼수록 미로보다 복잡하고 아리송했다. 주름의 길이와 굵기, 깊이의 미묘한 차이에 따라 해석이 달라진다는데, 아무리 눈을 씻고 봐도 이 주름이 저 주름 아닌가 싶었다. 3년간 사부 옆에서 꾸중을 들으며 울면서 지내다 보니 서서히 눈이 트였다. 공부를 하면 할수록 인간의 의식과 운명을 탐구하는 관상학에 매료되었다.

내가 관상학을 공부한다고 하자 무당이라도 되는 줄 알았던 지인이

여럿 있었다.

"무속인이 되겠다는 거잖아. 그런 거 미신 아니야?"

"갑자기 신내림이라도 받은 거니? 내 팔자는 언제 피는 건지 보여?"

무속인과 관상가는 영희와 철수처럼 전혀 다르다.

무속인은 길흉화복을 건사하기 위해 신에게 제물을 바치고 노래 부르며 춤을 춘다. '동자신이시여, 노여움을 푸소서.' 북어와 돼지머리를 상에 올리고 작두를 탄다. 운명의 주재자인 신에게 종속된 인간은 그 앞에 넙죽 엎드려 형통과 소원 성취를 빈다. '비나이다. 비나이다.' 고개를 조아리고 두 손을 비비며 간곡히 신에게 청한다. 운명은 신이 손아귀에 쥐고 주물럭주물럭하는 점토 반죽이다. 운명이 활짝 피든, 찌그러지든 모든 게 신의 손에 달려 있다.

그러나 관상가에게 운명은 결말이 열려 있는 한 편의 드라마다. 누구나 드라마의 주인공이 될 수 있다. 사주(생년, 월, 일, 시)는 선천 운으로 배꼽처럼 태어날 때부터 지니고 있는 운이다. 주어진 환경을 탓해봐야 무엇하랴. 선천 운은 바뀌지 않으니 신세를 한탄해봐야 입만 아플 뿐이다. 중요한 건 자유의지다. 두 다리를 가진 인간은 식물처럼 태어난 환경에 뿌리 박혀 살아가지 않는다. 생각한 대로 길을 내면서 자기만의 서사를 펼쳐 나간다. 이때 작용하는 것이 후천 운, 즉 만들어 가는 운이다.

관상, 얼굴 생김새

궁합, 살면서 맺어가는 관계

심상, 마음 씀씀이

운, 다가오는 기회나 피해야 할 악재

이름, 부족한 기운을 보완해 줄 성명

관상과 운과 심상이 좋지만, 궁합이 맞지 않아 경로를 이탈하는 인생도 있다. 철강 회사에 다니던 한 남성은 기가 센 여성과 오랫동안 연애했다. 궁합이 좋지 않아서 결혼을 만류했지만, 두 사람은 찬물 끼얹는 관상가의 말에도 헤어질 수 없었다. 그런데 결혼식을 몇 달 앞두고, 제철소에서 사고가 터졌다. 기계 오작동으로 중상을 입은 남자는 안타깝게도 뇌를 다쳐 식물인간이 되고 말았다. 여성은 2년간 간호하다가 죄책감에 시달려 칩거 생활 중이다.

인생은 프리즘처럼 바라보는 각도에 따라 다르게 보인다. 어머니의 사업 실패는 불운이었지만, 내게 관상가의 길을 열어주었다. 공부와 훈련을 거친 스무 살의 나는 관상가로 활동을 시작했다. 2001년에는 당시 벤처기업들이 즐비한 '테헤란 밸리'의 고층 빌딩 한 칸에 '김민정 비즈니스 카운슬링'이란 간판을 걸었다. 첨단 기술의 벤처기업과 어깨를 나란히 하는 역술관이었다. 발상이 독특했는지 방송국에서 찾아와 상담하는 내 모습을 취재하기도 했다. 깔끔한 단발머리와 화장, 비즈니스 정장 차림으로 손님을 맞았고, 상담료(흔히 말하는 복채)는 카드 할부 결제도 가능했다. 단말기에 카드를 쓱 긋고 영수증을 건네면, 고객도 재밌다는 듯 영수증을 만지작거리며 웃었다.

날아간 제비가 박씨를 물어오듯 고객은 고객을 물고 왔다.

"박 대표님 소개로 왔습니다. 건설업계에서 철강재 관련 사업을 해 왔습니다. 구체적으로 말하긴 뭐합니다만, 토지 쪽으로 바꿔 볼까 하는

데 괜찮을까요?"

말쑥한 정장 차림의 중견기업 대표가 찾아와서 물었다. 우선 사주를 받아서 팔자를 늘어놓고 타고난 운을 본다. 운의 밑그림을 그린다고 할까. 그 다음으로는 관상, 운의 현재 진행 상태를 살펴보는 거다. 그림으로 치자면 밑그림에 색과 명암을 입히는 격이다.

'이마를 보니 이동 수가 있어. 광대뼈에 사업 운도 들어 있고. 그런데 사주나 관상에 나무 기질이 강하네. 팔과 다리가 나뭇가지처럼 메마르고 길잖아.'

자연에 비유하자면 '나무'인 그에게 쇳소리 나는 일은 좋지 않았다. 장작을 패는 건 쇠도끼니까. 철재보다 토지 분야가 낫긴 하지만, 상반기까지는 운이 좋지 않으니 진행을 미루는 게 현명했다.

그렇게 일하다 저녁이 되면 두 눈이 시리고 따끔거릴 정도로 피곤했다. 그도 그럴 것이, 포도알만 한 눈동자로 하루에 열에서 서른 명의 얼굴을 들여다보기에 지치지 않을 수 없다. 한 사람의 가장 내밀한 부분을 들여다보는 관상가의 눈. 관상을 통해 그의 기질과 건강, 심성은 물론 운까지 읽어내기에 신비스럽다.

운의 암호를 읽는 돋보기
의식을 꿰뚫어 보는 레이저
먼 미래를 내다보는 망원경

관찰과 통찰, 혜안을 지닌 관상가의 눈은 누군가의 운을 읽고 앞길을 밝히는 별이다. 그래서 늘 반짝인다.

거울에 비친 운명

"얼굴이 어떻게 제 운명을 말해 주나요?"

지금 당신은 내게 이 질문을 던지고 싶어서 입술을 달싹이고 있을지도 모른다. 가느다란 눈초리로 고개를 갸우뚱거리거나 팔짱을 끼고 있을지도. 그래서 한 가지 질문을 던지고 싶다.

상대방이 말없이 화가 났을 때, 우리는 어떻게 그의 마음을 읽을 수 있을까?

찌푸린 이마, 냉랭한 눈빛, 아래로 처진 삐죽거리는 입술, '쳇' 하고 뱉어내는 소리. 그의 얼굴은 언제 용암이 터져 나올지 모르는 화산처럼 들썩거린다. 갓난아이도 그의 분노를 알아차릴 만큼 표정은 그의 내부, 심연을 가로등처럼 비추고 있다.

그가 습관적으로 화를 내는 사람이라고 가정해 보자. 붉으락푸르락하는 표정의 반복은 얼굴에 선을 긋는다. 낯빛은 벌겋고 눈매는 찌를 기세. 분노는 그를 괴물처럼 먹어 삼키고 의식과 행동, 삶을 지배한다. 화를 흉기처럼 휘두르고 다니는 그의 인생은 어디로 나아갈까? 사랑이 떠나고 직장을 잃는다. 사업을 한다면 거래가 끊긴다. 그의 운은 방구석에 갇혀 정체될 가능성이 크다.

인생을 농사에 비유하자면, 얼굴은 논밭의 표면이라 할 수 있다.

"땅이 말라서 타들어 가네. 글러 먹었구먼."

"이 땅 걸고 기름지다. 감자를 심든, 고추를 심든 풍년일세."

날씨와 땅의 비옥함으로 한 해 수확을 판단한다. 인생도 마찬가지다. 얼굴을 보면 인생이 보인다. 좋은 징조나 경사가 생기면 얼굴에 살굿빛이 돌고, 예감이 불길하거나 구설에 시달리면 얼굴이 까맣게 타들어 간다. 관상을 무속 신앙이라 여기는 이도 있다. 엄밀히 말하자면 관상은 학문으로 인간을 탐구했던 고대 철학자들의 연구에서 기원했다.

"거울을 보라, 너의 내면이 보이느니라."

플라톤은 영혼의 아름다움이 외양으로 나타난다고 말하며, 내적 성숙을 위해서 아침마다 거울을 보라고 제자들에게 일렀다. 내적 성숙. 이 고매한 표현에 어떤 이는 '거울 앞에서 엄숙하게 서 있으라는 말인가요?' 하며 난감해 할지도 모른다. 거울 속 나와 눈을 마주하는 건 자기 관찰이다. 해가 세상을 비추듯 눈으로 마음의 상태를 비추는 거다. 거울 속 나에게 넌지시 묻는다.

"오늘은 기분이 어때? 표정이 안 좋네. 걱정하지 마. 잘될 거야."

성악가 조수미는 아침마다 얼굴을 보면서 혼잣말을 하고 거울 속 자신에게 웃으며 인사했다고 한다. 뻐드렁니, 어금니가 드러나도록. 올라가는 입꼬리는 운을 쓱 끌어 올린다. 얼굴이 환하게 펴지니 구부정한 어깨도 펴지면서 자신감이 샘솟아 하루가 가볍다.

아리스토텔레스는 《관상학》이라는 책에서 사람의 관상을 동물에 비유했는데, 이를 '물형관상'이라 한다. 이마가 좁은 것은 돼지의 멍청함, 사각으로 균형 잡힌 이마는 사자의 용맹함을 의미한다고 했다. 나는 TV 방송에 출연해 물형관상을 보았다. 처진 눈매를 가진 한 연예인은 얼굴이 나무늘보처럼 생겼다. 세상에서 가장 게으르기로 소문난 나무늘보는 하루에 열여덟 시간 나무에 매달려 잠을 자는 야행성 동물이다. 그 연예인은 실제 늘어지게 놀다가 순간의 집중력으로 바짝 일하는 성향의 사람이라 게으르다는 오해를 받았다. 물형관상은 사람의 기질을 파악하는 정도일 뿐 그것만으로 백년 인생의 운을 알 수는 없다. 장편소설 몇 권을 써도 모자랄 인간의 운명을 동물의 얼굴로만 파악하는 건 구구단 하나로 수학을 이해하려는 거나 마찬가지다. 5차 방정식보다 복잡한 사람의 운은 사주를 바탕으로 머리부터 발끝까지의 관상과 궁합, 이름을 통해 총체적으로 살펴보아야 한다.

"어떤 관상이 좋은 관상인가요?"

이 막막한 질문을 받을 때마다 나는 로딩하는 컴퓨터처럼 눈을 깜박거린다.

"이마는 윤이 나고, 코끝은 두툼하고요. 입술이 또렷하면서…."

속성반 강의하듯 늘어놓으려니 말꼬리가 은하철도 999보다 길어질 판이다. 전체 맥락에 대한 이해는 생략한 채, 가려운 부위만 긁어주는 식의 대답은 수박 겉핥기 같아서 찜찜하다. 석가모니의 탄생 일화는 물론, 중국 동주 시대의 역사에도 등장하는 관상법. 곰이 쑥과 마늘만 먹고 사람이 되기 전부터 시작된 관상학을 다 풀어헤치는 건 어차피 불가능하다. 그 대신 관상의 기본 원리를 안다면, 얼굴 부위별로 하나하나 짚어가며 며칠 밤을 지새우지 않아도 좋은 관상에 대해 이해할 수 있지 않을까? 최소한 자기 관상에서 드러내야 할 부분과 보완할 부분은 알 수 있을 것이다.

관상은 사람의 신체가 자연 그대로를 반영하고 있다는 원리에서 시작했다. 자연은 대우주, 인간은 소우주. 자연에 태양, 달, 별, 산, 바다, 강, 육지가 존재하듯 인체에도 이런 자연이 존재한다.

머리는 하늘, 높고 둥글게
머리카락은 풀, 푸르게 우거지고
눈은 해와 달, 맑고 빛나게
인중은 강, 길고 뚜렷하게
입은 강이 모이는 바다, 넓고 반듯하게
음성은 우레, 천지에 울려라

이마와 턱
코와 광대뼈는 산악, 높이 솟아라
혈맥은 강과 천, 맑게 흘러라
살은 흙, 풍부한 살집은 운의 밑거름
뼈는 흙 속의 금석, 단단하게 박혀라
발은 땅, 모지고 두텁게

태고의 자연을 떠올려본다. 구름 사이로 높게 솟은 산봉우리. 산맥이 펼쳐지고 초목은 우거진다. 폭포수 아래에는 길고 흰 수염의 산신령이 낮잠을 자고, 두루미가 목을 축이는 이곳은 무릉도원. 머릿속에 아득한 옛날의 자연을 떠올릴수록 좋은 관상이 절로 그려진다.

운명의 궤도 속으로

　Yes or No. 닫힌 질문만 나열하는 이들이 있다. 한 중년 남성에게 4~5년간 주거 운이 강하게 들었으니, 부동산 공부를 꾸준히 해보라고 권했다. 지금 땅 사면 오르겠느냐는 질문이 다짜고짜 되돌아왔다. '내년에 그 학교에 합격할 수 있다는 거죠?', '코를 성형하면 운이 좋아지는 거죠?' 하면서 목을 쑥 내밀고 물어보는 말들. 그들의 간절함이야 이해하지만 답답할 때가 많다. 운이 트이게 돕는 관상가의 조언은 간과한 채, 눈앞의 욕구에만 매몰된 사람처럼 느껴져서다. 새에 비유하자면 비상하는 독수리가 아니라 참새 같다. 높은 시선으로 삶의 지형을 내다보며 인생을 계획하지 못하는 사람. 아파트 화단에서 종종걸음으로 볍씨만 찾는 격이랄까. 사람들이 자신의 운을 보석처럼 다루었으면 좋겠다. 자주 들여다보고 닦아주면서 세공한다면, 인생은 어느 순간 빛날 것이다.

　인생을 잘 다루기 위해서는 운의 규칙을 알 필요가 있다. 운동 경기로 치자면, 경기 규칙을 아는 거다. 뻥뻥 차버린 슛이 운 좋게 골이 되는 건 어쩌다 일어나는 일이다. 땀에 젖은 몸으로 필드를 누벼야 경기 흐름이 읽힌다. '아 골키퍼가 왼쪽이 약하구나. 측면 돌파를 해야 수비가 뚫리겠어.' 하고 감이 생기는 거다. 인생도 마찬가지다. 우주에는 5행성이

뱅글뱅글 돌고, 지구가 자전하면서 낮과 밤이 생긴다. 우주 질서에 따라 돌고 도는 운. 사주팔자가 대체 무엇이고 음양오행이 뭔지 이해한다면, 인생의 궤도를 그려볼 수 있다.

사주팔자

"으이구, 내 팔자야. 그러면 그렇지. 어쩐지 잘 풀린다 했어."

신세 넋두리를 늘어놓는 말에는 '팔자'라는 표현이 호빵의 팥소처럼 들어간다. 소리나는 대로 쓰면 '팔짜'다. 공기가 터지는 'ㅍ' 소리로 시작해서 쌍지읒 'ㅉ'의 파찰음으로 끝나니 거세게 들린다. 팔자. 팔자 주름. 두 단어 모두 여덟 팔八, 글자 자字로 구성된 한자어라는 건 중학생 때 알았다. 사람의 팔자가 여덟 개의 글자로 만들어지나 싶었다. '팔자 주름'의 경우에는 '8'의 의미보다도 한자어의 모양. 두 획八을 입가 양옆에 수염처럼 붙인 모양의 주름임을 이해하고 설핏 웃었다. 무늬만 팔이므로.

운수를 의미하는 팔자는 '사주팔자'에서 왔다. 사주四柱는 한자로 네 개의 기둥을 뜻한다. 인생을 집에 비유한다면 태어난 '연월일시'가 네 개의 기둥이라는 거다. 얼마나 탁월한 비유인가! 기둥은 움직이지 않는다. 지어진 곳에 곧추서서 집의 골격을 이루고 지붕을 떠받친다. 기둥과 기둥 사이에 방이 생기고, 거주자가 들어오면서 삶이 시작된다. 이왕이면 볕이 잘 들어 생기가 약동하고 풍파가 심하지 않은 곳에 삶의 기둥이 세워지면 좋겠다. 사람은 태어난 '연월일시'에 따른 태양계 빛의 강도에 따라 하늘의 기氣와 땅의 운運을 받는다. 그 기운이 모여서 '길흉화복'이 된다.

사주의 각 기둥은 간지干支를 지닌다. 간지는 하늘의 기운을 나타내는 천간天干과 땅의 작용을 나타내는 지지地支를 합한 말이다.

"하늘에서 불운의 먹구름이 몰려온다."

"뱀이 줄행랑을 치는 걸 보니 땅에 기복이 심하네. 재난이 오나?"

기둥의 간지를 통해 인생을 예보할 수 있다. 기둥마다 간지는 두 글자이므로 네 개의 기둥, 사주는 여덟 글자, 팔자 간지다.

간지: 하늘의 방위와 성질, 색깔을 규정하는 단위
　　갑, 을, 병, 정, 무, 기, 경, 신, 임, 계

지지: 땅의 동물을 통해 인간 세상의 시간을 나타내는 단위
　　자, 축, 인, 묘, 진, 사, 오, 미, 신, 유, 술, 해

"시간 참 빨리도 흘러간다. 벌써 달이 바뀌다니."

달력을 한 장씩 넘길 때마다 으레 하는 말에는 서양의 직선적 시간관이 담겨 있다. 1월에서 2월로, 12월로 시간이 강물이나 화살처럼 한 방향으로 나아간다는 거다. 반면 동양의 사주명리학에서는 시간이 바퀴와 같다. 처음과 끝의 구분 없이 돌고 돈다. 봄에서 봄으로, 1월에서 1월로. 시간의 순환을 따라 사주팔자를 풀어볼 수 있다. 세모 년도 1월 2일 3시에 태어난 사람에게는 우주의 공전에 따라 돌아올 네모 년도 1월 2일 3시에 어떠한 운運이 닥친다는 거다.

음양

사부의 수제자가 되어 동양철학에 심취했던 시절, 저녁에 시골길을 걷다가 시궁에 빠진 적이 있다. 물과 흙이 뒤범벅 상태인 도랑에 무릎을 파묻었다. 축축하고 질퍽질퍽한 느낌이 청바지를 뚫고 다리를 척 감쌌다. '앗, 이게 사부님이 말한 무극이구나!' 싶었다.' 무극. 태초의 지구는 무극 상태였다. 하늘과 땅의 구분 없이 하나로 뒤섞인 깜깜한 혼돈. 무극은 시궁처럼 생기지 않았을까? 사부는 무극이 꿈틀꿈틀하면서 태극 형태로 전환한다고 했다.

"사부님, 태극이 뭔가요? 우리나라 국기 중앙에 있는 태극 문양인가요?"

"허허, 그렇다. 위쪽에 불처럼 빨간 부분이 양, 아래에 바다처럼 파란 게 음이란다."

태극은 음과 양의 조화다. 태극이 움직이면 양이 발생하고, 멈추면 음이 발생한다. 가벼운 양의 기운은 위로 올라가서 하늘이 되고 무겁고 딱딱한 음의 기운은 아래로 모여 땅이 된다. 음과 양의 이치는 하늘과 땅뿐만이 아니라 만물을 지배하는 기운으로 작용한다.

양의 에너지: 상승, 발산, 밝음, 높고 둥근, 강하고 튀어나온

(태양, 하늘, 남자, 여름, 홀수, 위와 앞, 왼쪽)

음의 에너지: 하강, 멈춤, 어둡고 차가운, 낮고 모난, 부드럽고 무딘

(달, 땅, 여자, 가을, 짝수, 아래와 뒤, 오른쪽)

결혼식에서 신랑이 왼쪽, 신부가 오른쪽에 서는 것, 남자의 주민등록번호는 1, 여자는 2로 시작하는 것도 음양의 이치에 부합한다. 음과 양의 기운으로 사람의 성격을 파악할 수도 있다. 음의 기운을 지닌 사람은 대체로 내향적이고 차분한 편이며, 음이 지나친 경우 소극적이고 문제를 회피하는 경향이 높아진다. 양의 기운을 지닌 사람은 반대다. 외향적이고 도전적이어서 몸을 움직이는, 활동성 높은 분야에 종사한다. 성격은 경쾌하지만, 흥분을 잘해서 벌컥 화를 내기도 한다.

당신은 어떤 기질을 지니고 태어났을까? 뼛속까지 음의 기운만 지닌 회색 인간은 없다. 양의 기운만 용암처럼 펄펄 끓는 이도 없다. 타고난 기질을 알고 음과 양의 기운을 상황이나 환경에 맞게 조절하면 운이 트인다. 불도저처럼 밀고 나가는 성향에 차분한 음의 수렴이 더해진다면, 삶은 구 모양으로 둥그스름해진다. 한쪽으로 모나지 않고 어느 각도에서 봐도 균일한, 완전무결한 균형의 상태가 된다.

오행

"이 사람은 볼수록 끌려. 같이 일하면 결과가 좋을 것 같아."
"이상해. 주는 것도 없는데 아주 꼴도 보기 싫어지네."

자석처럼 서로 끌어당기는 관계가 있는가 하면, 물과 기름처럼 서로 흡수되지 못하고 겉도는 관계가 있다. 아무리 베풀고 참을 인忍자를 가슴에 골백번 새겨도 소용없다. 붙잡으려 해도 떠날 사람은 민들레 홀씨처럼 떠나기 마련이다. 관계는 분명 노력만으로 되지 않는 부분이 있다.

우주의 순환과 반복에 따라 움직이기에, 인연은 억지로 조정할 수 없는 거다.

5행성(수성, 목성, 화성, 토성, 금성)은 태양을 중심으로 빙글빙글 돈다. 행성들이 지구와 멀어지거나 가까워지면서 음과 양은 변화한다. 수성이 가까워질 때는 물의 기운이 지구로 흘러오고, 목성이 다가오면 지구에 나무의 기운이 자라난다. 달리 말하면, 행성의 기운이 오행이 되어 인간의 운에 영향을 미치는 거다. 한 가지 오행에 치우치기보다 모든 오행이 균형을 이루어야 운에 좋다.

나무, 봄의 기운

춥고 긴 겨울을 지나 봄을 맞이한 나무는 인내가 강하고 자애롭다. 위로 가지를 뻗어 올리는 진취적인 기상으로 새로운 일을 추진하고 성장하는 기운이다.

불, 여름의 기운

뜨겁고 강렬한 여름의 기운에 해당하며, 에너지를 발산한다. 쾌활하고 적극적이다. 불은 우주의 근원인 태양의 성질을 지니므로 모든 변화의 모체가 된다. 예를 들면 금을 녹여서 액체로 만들고, 나무를 태워 흙을 만든다.

쇠, 가을의 기운

쇠와 돌의 성질로 여물고 단단한 가을의 기운을 지닌다. 차가운 금속성으로 결단과 마무리를 잘해 책임감이 강하며, 때에 따라 날카로운 살기가 느껴지기도 한다.

물, 겨울의 기운

위(북쪽)에서 아래로 부드럽게 흐르는 물은 음의 기운이 강하며, 응축과 겨울의 성향을 지닌다. 어디로든 흘러가고 쉽게 흡수되므로 융통성이 좋고, 상황에 따른 적응과 대처 능력이 뛰어나다.

흙, 중재자

나무와 불, 금과 물. 모든 원소를 수용하므로 포용력과 관대함이 강하며, 관계와 신뢰를 중히 여긴다. 특별히 기운이 강한 계절은 없으며, 각 원소의 계절을 연결해 주는 중재자의 역할을 한다.

오행의 상생은 서로 도와주고 살리는 것이다. 물이 나무를 키우며, 나무는 불을 살린다. 불은 재를 만들어 흙을 돕고, 흙은 금을 키운다. 본연의 고유한 속성으로 상대에게 자연스레 흡수되고 서로 융화되는 관계다. 고구마에는 김치, 삼계탕에는 인삼이 들어가야 하듯, 상생이 있어야 살아갈 맛, 먹을 맛이 난다.

상극은 서로 나쁘게 굴거나 이기려 하는 것이다. 나무는 흙을 뚫고 나와 그의 양분을 야금야금 먹어 치우고, 흙은 점점 황폐해진다. 쇠는 도끼가 되어 나무의 숨을 끊어버린다. 한 존재가 오롯이 존재할수록, 상대는 파괴되는 상태다. 개와 원숭이, 한약과 녹두는 서로 멀리 떨어져 있는 게 상책이다.

KTX의 속도로 숨 가쁘게 살아가는 현대인에게 가부좌를 틀고 앉아 사주명리학을 통달하라고 권하지는 않는다. 역술가를 찾아가 물어보면 그만이다. 다만 운에 관한 기본적인 이해가 있다면, 인생을 바라보는 눈이 넓어진다. 나무 한 그루만 쳐다볼 것인가? 빛과 바람, 토양에 이르는 전체 숲의 환경 속에 나무를 바라보고 가꿀 것인가? 관점의 차이다. 신문 귀퉁이에 실린 '오늘의 운세'를 심심풀이 땅콩으로 맛보고 마는 건 운을 높이는 데 도움이 되지 않는다.

나는 양의 기운에 속할까? 음의 기운에 속할까?
오행 중 어떤 기질이 강하고 또 약할까?
대운이 들어오는 시기는 언제일까?

운의 흐름을 알면 대운을 지키고 불운에 대비할 수 있다.

불운을 넘어서는 방법

사주팔자에서 시작해 음양오행에 이르기까지, 당신과 우주 한 바퀴를 돌아 지상에 착륙한 느낌이 든다. 이제 당신은 단도직입적으로 묻고 싶을 거다. '그래서 제 운은 어떤가요?' 역술가의 입에서 흘러나온 말에 일희일비하지 않기를. 그의 말을 운명의 통보가 아닌 해석으로 이해하고, 스스로 운을 만들어 가는 주체가 되었으면 한다.

일면식도 없는 사람에게서 강력한 운의 자장을 느낄 때가 있다. 전화 문의가 빗발치면서 카톡으로 상담 예약을 받은 날이었다. 카톡 카톡. 핸드폰 화면에 우후죽순 솟아났다 내려가는 메시지 중 하나가 유난히 눈에 반짝거렸다. 운의 성채였을까? '젊은 사업가'라는 K의 예약 문의였고 읽자마자 그에 대한 호기심이 증폭했다.

"10분 전에 도착해서 대기하고 있겠습니다. 음력 생년월일, 최근 사진 외에 필요한 부분이 있을까요?"

남다르게 깍듯하면서도 정확성을 추구하는 사람의 메시지였다. 글자들이 'ㄱ' 자 모양으로 허리 굽혀 인사하고, 일렬로 반듯하게 서서 나를 쳐다보는 것 같았다. '와, 대체 어떤 사람일까? 이 사람은 어디에서든 인정받고 출세하겠다.' 강한 확신이 주는 전율이 몸에 일었다. 빽빽한 예약 명단 가운데 그의 이름과 예약 날짜만은 뇌리에 선명하게 박혔다.

며칠 후 대면한 K의 관상은 내 예상을 빗나갔다. 이목구비는 썩 좋지 않았고, 사주도 파란만장해서 불운의 파도 속에서 허우적대며 버텼을 터였다. 예상대로 부모의 빚을 갚느라 학교를 못 마쳤고, 이런저런 시비에 휘말려 경찰에 여러 차례 소환되었었다고 했다. 결국에는 목돈을 벌기 위해 꽃게잡이 배에 올라 고역의 바다를 떠돌며 20대를 표류했다. 의외인 건 옆에 앉아 있는 아내였다. 보기 드문 귀인의 관상을 지녔고, 유복한 가정에서 무탈하게 자란 듯 부티가 흘렀다. 가정환경으로 보나, 관상으로 보나 짚신과 명품 구두처럼 심하게 짝짝이인 두 사람이 어떻게 부부가 되었는지 묻지 않을 수 없었다.

K는 나를 만나기 전 여러 역술가를 찾았고, 불운을 넘어서기 위해 자신이 할 수 있는 모든 걸 시도했다. 아침에 일어나면 이부자리를 접어 개는 것으로 마음을 반듯하게 다잡으려 했다. 자신의 기질과 상극인 음식은 피했고, 바람 빠지듯 새는 말투도 또렷하게 교정했다. 사주와 관상이 워낙 형편없어서 구겨진 운이 쉽게 펴지지는 않았다. 그래서 이를 극복하기 위해 관상이 좋은 여자와 결혼하고픈 마음이 간절했다. 자신의 부족한 운을 채워 줄 상생의 반려자. 동창 모임에서 만난 부인은 그가 그리던 배우자의 모습이었다. 봉황의 눈처럼 길고 또렷한 눈매라든가, 재물 복이 가능한 코, 인덕이 가득한 턱, 무엇보다 남의 말을 잘 듣는 배려심이라든가, 호탕한 웃음이 마음에 들었다.

"빚밖에 없지만, 네가 옆에 있다면 더없이 열심히 살 수 있을 것 같다. 너를 호강시켜 주려고 노력하다 보면 내 인생도 필 것 같고."

볼품없는 남자의 성실과 박력은 그녀의 마음을 두드렸고 마침내 활짝 열렸다. 부부는 두 자녀를 낳았고, 사업은 봇물 터지듯 줄기차게 뻗어 나가고 있다. 그의 올곧은 심상心相과 아내의 수려한 관상이 한 몸을 이루자 막힌 운이 트인 셈이다. 나는 그의 약한 재물 운을 보완하기 위해 사업 투자는 재물 복 높은 부인 명의로 할 것을 조언했다.

    K는 불운을 몸에 지니고 태어나기는 했지만 그것을 달고 살지 않았다. '내 팔자가 그렇지.' '이렇게 살다 끝나겠지.' 하면서 인생을 잠식하는 체념과 회의에서 벗어났다. 그러므로 삶을 좌지우지하는 것은 '어떤 운을 가지고 태어났는가?'보다 '누구와 무엇을 어떻게 하고 있는가?'이다.

관상가를 만나기 전 이것부터

될성부른 나무는 떡잎부터 다르고, 먹고 죽은 귀신은 때깔이 다르다고 했던가. 운이 좋은 사람은? 싹수부터 다르다. 관상가는 운의 싹수를 읽는 사람이다. 싹수에 해당하는 것은 '그'라는 이미지를 구성하는 작은 일부다. 찰색, 눈빛, 말투, 음성, 자세, 걸음걸이. 달리 표현하자면, 벽에 간 금처럼 사소한 부분에서 운이 들어오거나 새어 나간다. 내담자가 관상가의 말을 양분처럼 흡수하고 소화해야 운이 트이는 데 그렇지 못할 때가 대부분이다. 좁쌀처럼 작은 부분이라 여겨 마이동풍으로 흘려버리고 만다. 앞서 언급한 K처럼 운의 밀알을 모조리 주워 담아서 꼭꼭 씹어 삼키는 이는 극히 드물다.

구겨진 인생을 펴는 쉬운 방법이 있다. 심지어 누워서도 할 수 있다. 웃으면서 얼굴 펴기다. 웃으면 관골(광대뼈)이 올라오고, 법령(팔자 주름)이 길게 뻗어 내린다. 관골은 사회 활동과 관련이 있는 부위다. 오랜 기간 백수로 지냈을 때의 얼굴을 떠올리면 어떤가. 사회적 교류 없이 방 안에만 머무를 때, 낯빛은 퀭해지고 관골이 내려간다. 입꼬리를 올리며 자주 웃으면 관골이 올라가 사회 활동 운이 좋아진다. 팔자 모양의 법령은 운의 두 다리다. 다리가 길게 뻗어야 걸어 나가서 일할 수 있기에 법령은 직업의 안정성과 관련된다. 자주 웃으면 법령이 길어져 부르는 곳이 많아진다.

눈을 자주 마주치면 신뢰와 호감도가 올라간다. 피로하면 눈이 게슴츠레해지고, 흰자위가 벌겋게 된다. 맑은 정기가 흐르는 눈은 충분한 숙면에서 온다. 중지를 이용해 눈 주변과 관자놀이를 자주 마사지해 주면 초롱초롱한 눈을 가질 수 있다. 운의 토양인 피부가 푸석푸석하면, 운이 길하게 자랄 수 없다. 흙에 양분을 주듯 피부 관리 화장품과 팩을 이용해 얼굴 피부를 비옥하게 유지하면 운에 좋다.

운을 암시하는 또 하나의 싹수는 말버릇이다. '입이 보살이다', '가는 말이 고와야 오는 말이 곱다'라는 속담처럼 벙긋하는 말 한마디가 관계를 잇거나 끊어버린다. 한번은 모자가 상담을 받으러 왔다. 어머니의 극성 줄을 목에 달고 이끌려 온 아들이 짜증과 욕설을 내뱉었다. 엄마는 얼굴이 누렇게 질려 쪼그라들었다. 제삼자 앞에서 아들이 이렇게 막무가내일 줄 몰랐던 거다.

"아무리 화가 나도 그렇죠. 어머니가 얼마나 속이 상하시겠어요?"

아들을 나무랐다. 어차피 상담은 물 건너간 터라 나는 그를 상담실에서 내보냈다. 아들의 관상을 보는 건 무의미했다. 속사포처럼 쏘아대고 칼처럼 휘두르며 말을 무기처럼 다루는 사람의 운은 어차피 나아질 수 없다. 아들의 관상은 제쳐두고 모자의 어긋난 관계부터 풀려면 그의 말투를 순화시키는 게 먼저였다.

안 돼! 싫어! 맛없어! 불평과 불만은 운을 꺾어버리고 복을 내치는 방망이(!)다. 운을 높이려면 관상가를 찾아오기 전에 자신의 말투부터 살펴볼 필요가 있다. 말투에 운을 때리는 방망이를 달고 살진 않는지.

혼잣말하듯 웅얼거리는 어투를 지닌 고객은 소통과 전달이 원활하지 못해, 일이나 비즈니스 관계에서 소외되는 경우가 대부분이다. 크고 분명한 발음은 귀를 솔깃하게 만들고, 사람을 끄는 흡인력이 있다. 깜깜한 토요일 밤, 일을 마치고 라이브 방송을 했다. 상담에 모든 걸 쏟아부은 뒤라 가까스로 했는데 반응이 의외였다.

'활력이 샘솟는 걸요. 저도 기운이 불끈 솟아요, 살아갈 힘이 나네요.'

에너지 드링크를 마신 듯한 댓글이 줄을 이었다. 먹고, 노동하는 일상 이야기를 할 뿐인데 무엇이 그들로 하여금 채널 고정하며 열광하게 하는지 궁금했다. 알고 보니, 목청이 보일 정도로 웃는 내 목소리가 우렁차서란다. 굵은 장대비가 땅을 우다다 내려칠 때의 시원함이랄까. 내용은 둘째치고 목소리만 크고 활기차도 말은 힘을 얻는다. 말투 하나만 바꿔도 길운이 입술 주위를 맴돈다는 얘기다.

창문을 열어 집 안의 매캐한 공기를 내보내듯, 삶에도 환기가 필요하다. 일이 안 풀린다 싶을 때는 서랍에 두툼하게 쌓인, 기한 지난 고지서를 찢어버리는 습관이 있다. 휴대전화에 저장된 불필요한 사진을 지우기도 한다. 간단한 정리로 속이 후련해지면, 소매를 말아 올리고 청소 모드로 전환한다. 화장실에 세제를 끼얹고 솔로 박박 문지른다. 얼굴이 붉어지고 목덜미에는 땀이 송골송골 맺힌다. 꽉 찬 재활용 쓰레기통을 비우면서 내 안에 쌓인 감정의 찌꺼기도 폐기한다. 케케묵은 부분을 정리한 가뿐함. 그 후련함이 삶의 동력을 일으키는 잔잔한 바람이 된다.

소식이 뜸한 지인이나 친구, 옛 사업 동반자에게 먼저 안부를 묻는 것도 운의 정체 구간에서 벗어나는 방법이다. 자기 일에 몰두하다 보면 관계가 소원해지고 슬슬 멀어진다. 일에 파묻혀 살다가 고개를 들어 주변을 보니 외딴섬처럼 홀로 남아 있는 기분이 들 때가 있다. 그 막막함이나 외로움에 운이 쇠락하기도 한다. 운을 밝히고 싶다면, 먼저 지인에게 안부를 묻고 소식을 전하는 것도 좋은 방법이다.

"안녕하세요? 잘 지내시나 궁금해서 연락드렸어요."

오랜만에 듣는 익숙한 목소리. 내 안부가 궁금해서 걸었다는데 어찌 반갑지 않을 수 있을까. 좋은 사람과 인연의 끈을 잘 이어가다 보면 운이 상승한다. 새로운 만남이 일로 이어지는 경우도 많다. 운은 자신을 수련하며 갈고 닦은 이가 지닌 광채라 할 수 있다. 관상가를 찾아오기 전에 자신의 모습부터 돌아보자. 정확히 인지해야 제대로 바뀔 수 있다.

제2부
모든 해답은 얼굴에 있다

십이궁, 운명을 보는 부위

"정체전선이 만든 비구름의 영향으로 전국 대부분 지역에 비가 내리겠고, 오후에는 대부분 그치겠습니다. 국지성 비구름대가 발달하여…"

텔레비전에서 기상 캐스터가 비 소식을 알렸다. 몸이 찌뿌둥하고, 팔다리가 쑤시는 걸 보니 비가 오긴 올 모양이다. 내 지인은 일기예보 살피듯, 신문 지면 끄트머리에 '오늘의 운수'를 읽는다. 비가 온다는 예보에 집 창문을 닫고 출근하는 것처럼, 운수 풀이에 따라 혹시 모를 기대나 대비를 조금은 하는 모양이다. 액운이 있다고 하면 운전에 신경을 쓰게 되고, 길운이 있다고 하면 괜히 들뜨더란다.

'1981년 닭띠의 운세는? 기대도 안 했던 재물이 들어오니 기쁨이 두 배다.'

운수 풀이가 좋게 나온 날이었다. 월급날도 아니고 복권을 산 것도 아닌데 들어올 게 뭐 있나, 하면서도 내심 기대했단다. 그날 공짜로 받은 건 길거리에서 아줌마가 건넨 분양 전단과 행주가 전부.

실망했을 전국의 81년생이여. 운의 기류는 '오늘의 운세'보다 얼굴에 확연히 드러난다. 운을 개선하려면 일단 운의 상태부터 알아야 자그마한 개선책이라도 보이지 않을까? 얼굴을 들여다볼 줄 아는 사람은 날씨 예보하듯 운에 대해 간략한 브리핑이 가능하다.

"자, 눈은 크고 코는 중간. 입은 작습니다. 턱은 다소 날카로운 편이고요. 나이 들수록 빈궁해지기 쉽다는 거네요. 오늘부터 천 원이라도 덜 쓰고 긴축 재정에 들어갑니다. 앗! 이마 서쪽 변방에서 운의 방해 세력인 붉은 두드러기 떼가 출몰하네요. 정확히 이사궁 자리죠. 퇴사하겠다는 마음은 당분간 접고 일에 전념해야 합니다."

운의 브리핑. 세밀하지는 않더라도 운의 기류를 대강 파악하면서 흉운에 대한 대비책도 나름 세워볼 수 있다. '오늘의 운수'보다 구체적이지 않은가. 얼굴의 십이궁을 삶의 열두 가지 운세를 읽을 수 있는 위치로 알아두면 나의 운을 읽는 데 도움이 된다. 그 방법은 차차 논하기로 하고 십이궁의 위치부터 봐두시라.

관록궁

이마는 관록궁이라 하며 관운官運의 유무를 보는 자리다.

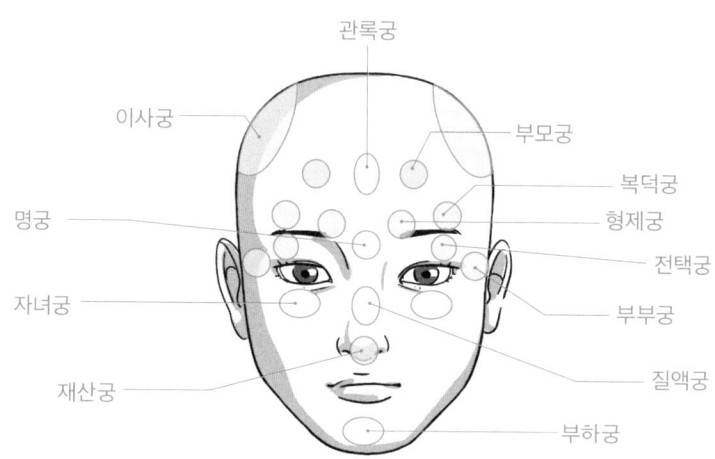

부모궁

이마의 일각日角, 월각月角과 보골輔骨을 부모궁이라 하며 부모 덕의 유무를 본다.

복덕궁

눈썹꼬리 위쪽으로 복록의 유무를 살피는 자리다.

형제궁

눈썹을 의미하며 형제자매의 우애와 덕은 물론 인간관계를 보는 자리다.

전택궁

눈꺼풀을 전택궁이라 하며 부동산 자리와 유산 관계를 보는 자리다.

부부궁

눈꼬리 부분을 처첩궁 또는 부부궁이라고 하며 배우자의 길흉을 보는 자리다.

질액궁

두 눈 사이 산근山根을 질병궁 또는 질액궁이라 하며 질병의 유무를 본다.

부하궁

턱을 부하궁 또는 노복궁이라 하며 부하의 유무를 보고 손아랫사람의 덕을 본다.

재산궁

코를 재백궁 또는 재산궁이라 하여 재산의 유무 상태를 보는 자리다.

자녀궁

눈 밑을 와잠臥蠶 또는 남녀궁이라 하며 자녀의 유무와 덕을 보는 자리다.

명궁

눈썹과 눈썹 사이, 미간을 인당 또는 명궁이라 하며 수명과 직업을 보는 자리다.

이사궁

이마 양 끝을 이사궁 또는 천이궁이라 하며 이동 및 이사, 승진 등 이동수를 보는 자리다.

삼정, 이마-코-턱을 따라 운명 읽는 법

사람들은 체기가 내려가지 않은 듯 답답한 얼굴로 나를 찾아오곤 한다.

"아무리 선을 봐도 인연을 만나기가 어렵네요."

"건물 일 층에 가게가 안 나가요. 비워둔 지 일 년이나 되었어요."

체했을 때 손가락 끝을 바늘로 콕 찌르듯, 막힌 운을 시원하게 뚫어줄 단초를 구한다. 다른 상황도 있다. 해결보다는 선택이 필요한 시점에 내게 묻는 거다. '그이랑 결혼할까요? 말까요?', '거기에 투자해도 돼요?' 하는 갈림길에서 인생극장 이휘재처럼 확신을 얻어 '그래, 결심했어!'를 외치고 싶어 한다.

삼십여 년간 관상가로 활동하면서 내가 내린 결론은 인생은 일기예보와 같아서 어느 정도 예측은 할 수는 있지만 미리 결론을 정할 수는 없다는 거다. 궁합이 좋은 여성과 결혼했는데, 10년 만에 나를 찾아와 이혼을 알리는 남성이 있었다.

"궁합이 좋다고 했는데, 왜 이혼했을까요?"

10년 동안 그에게 무슨 일이 일어난 걸까? 찰떡궁합이 잉꼬부부로 살 가능성을 높이긴 해도 백년해로를 보장하지는 않는다. 궁합을 담보로 배우자에게 소홀하면 관계에 금이 가고 만다. 남편의 사업 운이나 금전 운, 자녀 운이 변수로 작용했을 가능성도 크다.

관상에는 고정값이 없다. 뼈가 움직이면 근육이 달라지고, 살이 붙고 빠지는 것에 따라 얼굴이 변하기 마련이다. 사고로 골격이 틀어지기도 한다. 후천 운에는 크고 작은 지각변동이 생길 수밖에 없다. 관상을 본다는 건 현재 운의 상태를 알고, 다가오는 운의 징후를 읽는 일이다. 비가 온다는 예보에 우산을 챙기듯, 미리 알고 대비하면 된다. 들창코라 돈이 줄줄 새는 관상이라면 돈을 들여서 코 성형을 하기보다 씀씀이를 줄이려는 노력부터 하길 권한다. 턱이 함몰되어 말년이 고독하다면 도탑게 살도록 마음을 가꾸면 된다. 나의 내부가 변하는 것이야말로 꼬인 인생을 푸는 실마리가 되는 법이니까.

관상에서 삼정三停은 어릴 때부터 꼬부랑 노인이 될 때까지의 길흉화복을 알려준다. 영화에 비유하자면 미리보기 편이라 할 수 있는데, 운의 굵직굵직한 전개를 파악할 수 있다. 삼정은 얼굴을 상정, 중정, 하정

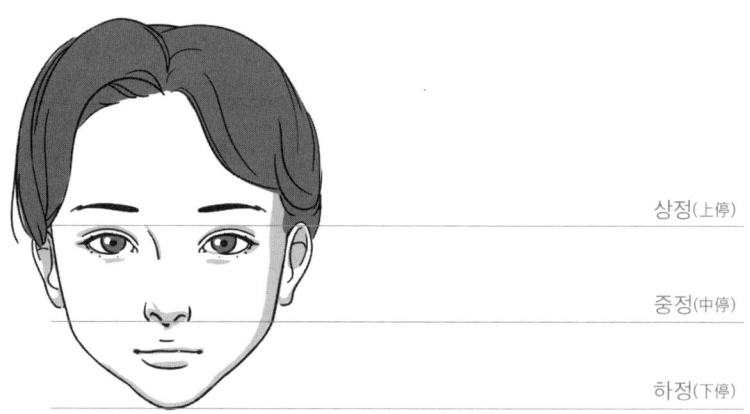

상정(上停)

중정(中停)

하정(下停)

으로 삼등분한다. 삼정이 고르고 가지런하면 부귀영현, 재산이 많고 지위가 높으며 몸이 귀하고 이름을 떨친다. 큰 굴곡 없이 인생이 탄탄대로를 달린다는 의미다. 이마가 만화 주인공 심슨처럼 지나치게 넓다면, 혹은 코나 턱이 아래로 잡아당긴 듯 길다면 어떨까? 얼굴을 도자기에 비유한다면, 빙글빙글 돌아가는 주물 궤도에서 이탈해 한쪽으로 늘어진 도자기 그릇이나 다름없다. 이목구비가 아무리 조화롭다 해도 삼정이 균등하지 못하면 초년, 중년, 말년의 복을 골고루 담지 못한다.

상정, 타고난 운

엄마 뱃속의 아기는 탄생의 관문을 통과해 이마부터 쑥 내민다. 생의 시작을 알리는 이마는 삼정에서 초년 운이 머무르는 자리로 상정上停에 해당한다. 상정은 이마 중에 머리털이 나오는 부분인 발제에서 눈썹까지를 말한다. 15세에서 서른 초반까지의 길흉 여부를 상정으로 살핀다. 관상에서 상정은 하늘이다. 땅을 딛고 사는 인간에게 하늘은 숙명이라 햇볕이 따갑든, 우박이 떨어지든 피할 수 없다. 바람이 몰아치면 집에 머무는 정도가 인간이 할 수 있는 최선이다. 초년 운은 그저 주어지는 거다.

> 부모의 보살핌을 잘 받으며 무탈하게 자랐나?
> 두뇌가 총명하고 학구열이 뛰어난가?
> 관직에서 출세하도록 타고난 복이 있나?

넓고 두터우며 윤기가 도는 이마는 길상이다. 지능이 뛰어나고 부모 덕으로 원만한 생활을 한다. 관운까지 좋다. 반대로 이마가 좁으면 부모와의 인연이나 덕이 없는 편이고 구설수도 항상 따라다닌다. 둥근 이마는 길상이고 위로 갈수록 좁아지는 계란형은 흉상이다. 계란형 이마는 배우자와 불화가 많다. 상대의 결점에 대해 민감하게 반응해서 다툼이 많으므로 둥글고 너그러운 마음으로 상대를 이해할 필요가 있다. 계란형 이마를 지닌 남자는 직업이 없는 경우가 많다. '뭐 하나 제대로 되는 게 없다'라고 푸념하기 쉽지만, 한 가지 일을 오랫동안 버티며 견디는 힘을 기르면 어려움을 극복할 수 있다.

'이마가 좁으면 마음이 좁다'라는 말이 있다. 내 성격은 이렇소, 라고 이마에 써 붙이지 않았을 뿐 이마를 보면 그의 성격이 드러난다. 이마가 둥글면 성격도 둥글둥글 원만한 편이다. 이마가 좁고 위로 솟아오르면 감성적인 면이 크다. 격한 감정이 갑자기 일어나 '빽' 하고 소리를 지르거나 코를 훌쩍이기도 한다. 이마 뼈가 튀어나온 자는 성격이 급하고 모나서 남들과 잘 싸운다. 어느 날 이마 관상을 보는데 미혼 여성이 내게 이런 말을 했다.

"음, 주위에서 저보고 잘 삐진다고 하던데 이마가 좁아서 그런 건가요? 노력해야겠네요. 이왕이면 이마가 넓은 배우자를 만나야겠어요."

자신을 객관화하는 것은 물론 운의 보완까지 떠올리다니, 그녀의 운은 좋아질 수밖에 없다.

중정, 가꾸는 운

중정中停은 코가 시작되는 산근에서 시작해 코끝, 눈과 광대뼈, 귀 앞부분까지 속한다. 중정은 보고, 냄새 맡고, 볼 성하게 움직인다. 운이 가장 왕성하게 활동하는 부위로 30대에서 50대의 중년 운을 좌우한다. 중정의 핵심은 중앙에 솟은 코다. 한반도에 금강산에서 설악산까지 육백 킬로미터가량 길게 뻗은 태백산맥이 있다면, 운의 중추에는 코가 관통한다.

얼굴의 중앙을 차지하는 코는 자신을 의미한다. 콧대가 올곧고 힘 있게 뻗으면 인생이 탄탄대로이며, 콧대가 휘면 중년에 굴곡이 생긴다는 암시다. 이별하거나 지병이 생기며 파산의 우려도 있다. 매부리코는 아래로 삐죽하게 기울어진 형상으로 매의 부리처럼 생겼다. 만화 〈스머프〉의 악당 가가멜은 매부리코를 지녔다. 성격이 괴팍하고 따지기 좋아하며 이기적이다.

"이 녀석 코가 큼지막하니 복코다. 커서 부자 되겠어."

어린 시절 어른들의 말에 복코가 대체 어떻게 생긴 코인지 궁금하곤 했다. 복주머니처럼 생겼나 싶었다. 코는 재물과 그의 욕심을 드러내는데, 욕심이 그득한 이의 상징은 단연 주먹코다. 살집을 한가득 뭉쳐놓은 듯한 주먹코는 금화가 잔뜩 들어간 자루로, 돈 욕심이 많고 잘 모으는 능력도 지녔다. 콧구멍은 금화 자루의 입구이므로 안 보여야 길하다. 콧구멍이 지나치게 크면 자루를 활짝 열어놓은 형상으로 재물을 모으기 힘들어 실속이 없다.

하정, 거두는 운

인중에서 턱까지를 하정下停이라 하며, 51세부터 사망 시까지의 운을 주관한다. 말년 운을 주관하는 하정은 땅을 의미한다. 하늘(이마)에서 내린 초년 운이 중년의 코 산맥을 넘어 말년의 땅에 도달하는 거다.

자식 농사는 잘 지었나?
덕을 쌓고 살아와서 따르는 부하가 많은가?
평생 곳간을 잘 채워서 빈궁하지 않게 사나?

넓고 풍만한 하정은 인생의 곡창지대가 드넓고 비옥하다는 의미로, 좋은 하정을 지닌 이의 자손은 번성하며 재물도 주렁주렁 늘어난다. 턱은 얼굴을, 삶을 떠받친다. 이마 양옆에서 시작해 양 볼에 솟은 관골을 지나 이르는 턱은 얼굴의 윤곽은 물론 삶의 마무리를 완성하는 자리다. 인생의 덕과 복이 쌓인 턱은 삶을 어떻게 일궈왔는지 보여주는 텃밭이라 하겠다.

관상에서 삼정은 운의 윤곽을 보는 기본 틀이지만, 삼정만으로 인생의 큰 운세를 다 알 수 있는 건 아니다. 삼정에 속해 있는 다른 부위들과 사주, 환경을 함께 고려해야 한 사람의 인생을 알 수 있다.

오악, 귀인의 얼굴

"저 사람 얼굴 기골이 좋다. 남다른 기풍이 있어. 큰일을 하겠는데."

귀인의 얼굴을 두고 하는 말이다. 귀하게 되어서 전 세계에 이름을 떨치거나, 온갖 영화를 누리고 사는 사람의 얼굴에는 기백이 넘친다. 씩씩하고 굳세며 진취적인 기상. 귀인의 기백은 어디에서 오는 걸까? 빛나는 눈에서도 오지만 얼굴 전체적으로는 오악에서 온다.

오악五嶽은 산봉우리처럼 솟아 있는 다섯 부위로 이마, 코, 좌우 광대뼈, 턱을 일컫는다. 인생의 압축판인 얼굴에서 오악을 보고 인생의 기세를 읽을 수 있다.

"어디 보자. 이 사람 높이 솟아서 이름을 널리 떨칠까? 재물을 모을까?"

오악을 보는 건 상공에서 산의 지형을 내려다보듯 인생의 기세를 한눈에 살피는 것과 같다. 오악이 적당히 솟으면 운이 기운차게 뻗친다. 뻗쳐오르고 올라서 기공을 세우고 이름을 널리 알려 평생 부귀를 누리게 된다. 오악이 바르지 못하면 일생에 한 부분이 꺼져 고생이 많다. 오악 중 가장 중요한 부위는 얼굴 중앙에 우뚝 솟은 코다. 사악이 아무리 좋아도 중심부인 코가 높고 풍요롭게 솟지 못하다면 귀하게 될 수 없다.

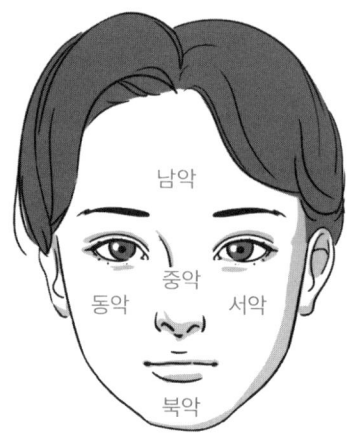

　가운데 코를 기준으로 이마, 좌우 관골, 턱이 조공해야 명예와 부귀를 얻는다. 조공이란 마치 신하들이 중앙에 임금을 모시고 머리를 조아리듯 공손하게 둘러싼 것을 말한다. 좌우 관골이 코를 폭 감싸주고, 턱 끝이 안으로 적당히 솟아 이마를 바라보며, 이마도 뒤로 젖혀지지 않고 턱 끝을 바라보는 형상이다. 이마와 턱이 코를 향하지 않고 반대로 젖혀 있다면 운의 기세가 꺾인다. 관골이 제대로 솟지 않아 코를 감싸지 못해도 마찬가지다.

동악과 서악, 관골

　관골이 앞으로 튀어나온 것은 생활의 원동력이 되는 기력이나 체력의 발달, 목표를 이루는 의지력의 표현이다. 코가 임금이라면 좌우 관골은 좌의정과 우의정이다. 임금은 총명하고 강한 통솔력이 있어야 하겠지만, 그를 보좌하는 신하 역시 충직하고 명석해야 한다. 코와 좌우 관골이 조화를 이루어야 부귀공명한다.

남악, 이마

이마가 훤하면 출셋길이 열린다고 한다. 탁 트인 하늘처럼 넓고 평평해 시원스러운 이마가 인생에 탄탄대로를 여는 셈이다.
"그 집을 빼앗기면 쪽박을 차서 알거지가 된다니까."
쪽박은 작은 바가지를 뜻하는데, 이마가 쪽박을 엎어놓은 것처럼 생기면 되는 일이 없고 박복하게 산다. 쪽박은 가운데가 볼록하게 솟아 얼핏 좋은 상처럼 보이지만, 이마의 상하좌우, 특히 눈썹 위 복덕궁이 꺼진 모양새다. 이마의 골이 죽지 않고 간(肝)을 엎어 놓은 것처럼 도톰하게 생긴 사람이 높은 지위를 얻고 귀인의 도움을 받는다.

북악, 턱

턱은 입을 여닫기 위해 움직이는 기관으로 입에 명령을 내려 움직이게 한다. 즉 부하를 움직이는 역할을 하므로 '종'을 뜻하는 '노'자와 '복'자를 써서 노복궁奴僕宮이라고도 한다. 이마가 정신적 발달을 알려준다면, 턱은 말년의 물질적 운세를 알려준다. 턱에는 '지고'라는 창고가 있으며, 말년의 재산 유무나 생활력을 파악할 수 있다. 오악 중 하나이므로 적당히 솟은 턱이 좋다. 아래턱이 위턱보다 길어 앞으로 튀어나온 주걱턱은 남을 지배하려는 성향이 강하다. 지기 싫어하고 고집이 세다. 반대로 푹 꺼진 턱은 외롭고 재물을 모으지 못한다.

중악, 코

오악의 중심이자 임금이다. 코가 잘생기면 건강하고 재물 운이 따르며 스스로 운명을 개척하는 능력이 강하다. 사는 게 힘들 때 쓰는 '고비'라는 말은 높을 고高에 코 비鼻 자다. 코가 지나치게 높거나 굽어서 넘기 힘들면 중년에 재앙이 있거나 고독해진다. 코는 노후의 안락 여부를 결정짓는 중요한 곳이다.

사람의 운은 늘 움직이며 변화하는데, 얼굴의 오악을 타면서 운의 기세가 올라간다. 흉터나 잡티가 없도록 오악을 가꾸고 윤기가 돌게 하는 것만으로도 운이 나아진다.

사독, 운을 부르는 이목구비

어릴 때는 넓고 푸른 바다에 퐁당 뛰어 들어가 튜브 끼고 헤엄치는 게 재밌다고들 한다. 나이가 들수록 바다보다 산과 계곡을 찾는 이들이 많아진다. 땀 흘리며 산에 오르면 피로가 풀려 개운하고, 청정한 산공기를 마시면 머리가 맑아진다. 냇물에 발 담그고 있으면 신선놀음이 따로 없단다. 심신 회복을 위해서라면 바다보다도 산과 계곡을 찾게 된다. 왜 그럴까? 산은 위로 솟고 물은 아래로 흐른다. 산과 물, 무릇 산수가 수려하면 음양이 조화를 이루어 싱싱하고 힘찬 기운이 돌기 때문이다. 관상도 마찬가지다. 산과 산 사이, 골짜기를 따라 물이 흐르듯 얼굴의 오악 사이에도 물이 흐른다. 눈과 코와 귀와 입 주위의 낮고 작은 구멍을 따라 물이 흐르는 형세를 네 개의 도랑, 사독이라 한다.

오악은 알맞게 솟아야 좋지만, 사독은 강처럼 낮은 곳에서 적당히 가늘고 길게 흐르는 게 좋다. 달리 말하면, 이목구비가 긴 것이 좋고 한 군데라도 짧으면 그 부위의 운세가 좋지 못하다는 거다. 눈매가 길지 못하고 짧아서 눈이 동전처럼 똥그랗게 생겼으면 총명함이 없고, 코가 짧으면 금전 관리가 힘들다. 귀가 작으면 부모 덕이 없고 입이 작으면 정이 없다. 오악은 발산이고 상승하는 양의 기운이며, 사람의 기백과 기세를

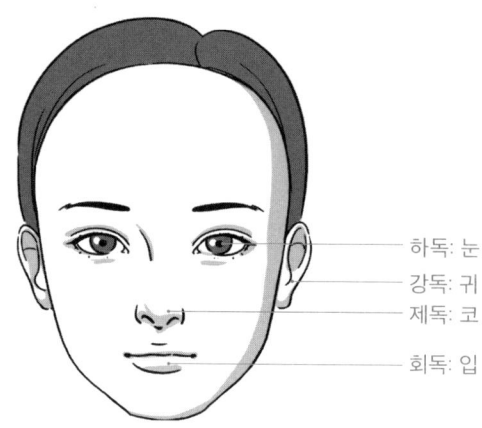

하독: 눈
강독: 귀
제독: 코
회독: 입

보여준다. 반면 낮고 깊게 흐르는 사독은 음의 기운에 가깝고 내면적인 기질과 감성을 드러낸다.

눈, 하독河瀆

"저 남자 눈빛이 우수에 젖어 있어서 슬퍼 보여."
"눈이 반짝거리는 걸 보니 기쁜 일이 있나 봐!"

눈은 마음의 거울이다. 감정적인 표현력을 보는 자리로 흑백이 분명해야 좋다. 옻칠한 듯 새까만 눈동자에 눈 덮인 대지처럼 하얀 흰자위. 거기에 광채가 있어야 한다. 길게 뻗어 있고, 유유히 흐르는 강물처럼 부드러운 눈매는 운에 좋다. 눈이 깊으면 총명하고 눈꼬리가 길면 판단력이 좋다.

콧구멍, 제독濟瀆

코는 재물을 보관하는 곳이다. 콧구멍이 작으면 금고가 작은 것이며 콧구멍이 좁으면 물길이 빠져나오지 못해 인색하다. 콧구멍이 들려서 훤히 내다보이면 물길이 폭포수처럼 흐르니 금전을 모을 수 없다. 또한 콧구멍이 지나치게 넓으면 재물의 변동이 심해 금전 관리가 안 된다. 콧구멍은 커도 보이지 않아야 한다.

입, 회독淮瀆

입은 물을 가두어 두는 제방이다. 윗입술과 아랫입술이 잘 맞아서 입이 다물어져야 한다. 입을 벌리고 있거나 윗입술보다 아랫입술이 얇으면 물이 새어 나와 금전을 모을 수 없다. 입을 볼 때는 인중도 같이 살핀다. 인중은 귀, 눈, 코의 물길이 최종적으로 입으로 들어가는 길이니 넓고 선명해야 한다. 입에서 나온 말로 사람을 다스리므로 입은 권력을 의미하기도 하는데, 입이 크고 뚜렷하며 두터워야 신임이 좋고 인내심과 의지가 강해 사람이 따른다.

귓구멍, 강독江瀆

귓구멍이 크고 넓고 깊어야 물이 잘 흐르며, 훤히 드러나지 않아야 새지 않는다. 귀는 조상의 덕을 보는 자리로 일단 크고 두툼하고 또렷해야 초년 운과 부모 복이 있다.

오관, 운을 움직이는 부서

    회사 조직망을 보면 회사는 벌집처럼 촘촘하다. 직원 채용하는 인사부, 금고 담당 재경부, 물건을 내다 파는 영업부 등 각 부서가 바퀴처럼 맞물려 돌아가야 회사가 굴러가고 또 번창하는 법이다. 사는 것도 마찬가지다. 일, 관계, 돈, 여가, 건강이라는 공들을 묘기 부리듯 동시에 저글링하는 게 삶인데, 이 중 공 하나를 떨어뜨리면 건물 한쪽이 무너지듯 삶이 위태로워진다. 가족 간에 불화가 생기면 일이 손에 잡히지 않고, 극심해지면 병이 생긴다.

    '이 사람은 엉큼하고 흉악한 구석이 있어. 멀리해야겠어.'
    '어디선가 비명이 들리네. 사고가 난 건가?'
    '왜 통장에 잔액이 없지? 돈을 어디에 다 쓴 거야!'

    좋은 사람과 어울리고 사고 없이 팔팔하게 물질적으로 풍요롭게 살려면 삶을 관장하는 각종 부서가 필요하다. 관상에서는 이를 다섯 개의 부처, 오관이라 한다. 주요 정부 부처가 수도권에 밀집해 있듯, 오관은 얼굴에 오밀조밀 모여 있다. 얼굴이야말로 운명의 수도권이 아닌가.

    귀, 눈썹, 눈, 코, 입. 오관은 평생 무휴이자 무보수로 쉬지 않고 일한

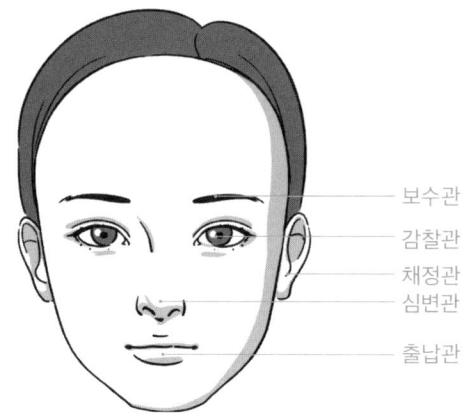

다. 우리가 잠잘 때도 밤의 보초병처럼 불침번을 서면서 삶을 유지하기 위해 애쓴다. 태어날 때부터 몸에 붙어 있기에 오관이 얼마나 보배로운지 잊고 살 때가 많다. 귀가 제 임무를 하지 못해 폭주하는 음주 운전자의 차 소리를 듣지 못한다면 비명횡사할 수 있고, 입이 꿈쩍하지 않고 놀고 있으면 굶어 죽기 십상이 아닌가.

"저 보고 돼지감자처럼 생겼다고 놀려요. 얼굴이 못생겨서 일이 안 풀리나 봐요."

상담하다 보면 오관이 외적 우월이나 자기 비하의 수단으로 강등되어 안타까울 때가 많다. 세수나 양치질, 피부 관리 화장품 잘 바르기와 같은 오관을 씻기고 보살피는 습관은 생을 보수하고 정비하는 밑 작업이다. 기계로 치자면 닦고 기름칠하고, 나사를 조이는 것과 같다고 할까?

눈썹, 보수관保壽官

한자로 지킬 보保, 수명 수壽를 쓴다. 풀이하면 목숨을 지키는 부서라는 뜻이다. 눈썹은 삶의 최전방에 배치된 군사나 다름없다. 관상에서 두 눈은 태양으로, 우주 질서를 관장하는 태양처럼 삶의 질서를 관장한다. 털이 엮인 눈썹은 두 눈 위에 초가지붕처럼 붙어서 비가 오나 바람이 부나 눈을 보호하니 최전방이 맞기는 맞다. 코나 입처럼 독립적인 부서라기보다 눈에 딸린 부속 기관이라 하겠다.

눈썹은 눈을 지키면서 얼굴의 모양을 아름답게 장식하는 동시에, 사람의 인격과 복을 나타낸다. 미남과 미녀를 보면 '미목이 청수하다'라고 한다. 눈썹과 눈이 맑고 깨끗한 물과 같다는 의미로 미목이 청수한 사람은 심성 또한 착하고 어질다. 눈썹과 내면의 감정선은 투명한 줄로 연결된 걸까? 눈썹이 위로 선 사람은 기가 살아 쾌활하며, 아래로 숙인 사람은 풀이 죽어 있거나 내성적이다. 성난 사람의 눈썹은 끝이 치켜 올라간 모양새다. 눈썹은 운이 모여 지나가는 통로다. 눈썹 털이 우수수 빠지고 흩어지면 운도 흩어지며, 다시 자라면 운이 좋아짐을 암시한다.

눈, 감찰관監察官

볼 감監, 살필 찰察. 눈은 두루두루 보면서 상황을 살피고 감시하는 임무를 수행한다. 사물에 빗대어 표현하자면 돋보기, CCTV, 안경, 신호등, 등대, 자동차 헤드라이트, 현미경, 레이더망 같은 것이다. 사람은 눈에 불을 밝히며 상황과 사물을 구분한다.

"보고서를 살펴보니 몇 달째 판매 실적이 떨어졌잖아. 대책을 세워야겠어."

"시계를 보니 네 시가 넘었네. 저 사람은 늘 늦게 와. 믿음이 안 생기네."

상황을 분별하고, 옳고 그른 일을 판단하도록 돕는 눈은 삶 곳곳을 감찰한다. 눈빛이 흐릿하거나 졸린 듯 게슴츠레 뜬 눈으로는 삶을 제대로 감찰하기 어렵다. 달리 말하면, 이런 눈을 지닌 사람은 일생토록 자기 뜻을 꽃피우지 못하거나 운이 늦게 트인다. 노력하지 않고 남을 이용하기를 좋아한다.

코, 심변관審辨官

살필 심審, 분별할 변辨. 코는 사물이나 공간의 냄새를 맡아 상황을 분별하고 판단하는 일을 한다고 해서 '심변관'이라 불린다.

"이상하다, 뭔가 타는 냄새가 나지 않아? 부엌을 좀 살펴봐."

"강의장에서 누가 귤을 먹었나 봐. 상큼한 향이 풍기네."

저 멀리 산등성이까지 내다보는 눈과 달리, 코는 주변 냄새를 맡아 정황을 판단하는 감각 기관으로 물질세계의 자아가 존재하는 자리이다.

귀, 채청관採聽官

가려낼 채採, 들을 청聽. 귀는 다른 사람의 말에 귀 기울이며 경청하되 가려듣는 소관을 맡는다. 얼굴의 주변부에 있는 작은 성곽인 귀는 자신의 능력보다도 자신을 둘러싼 환경, 즉 타고난 부모의 덕을 보는 자리이다. 귀가 높게 솟아 눈썹 위에 자리 잡고 귓바퀴가 뚜렷하면 금상첨화다. 살집이 두툼하고 귓구멍이 넓으면 이상적인 상이다. 예로부터 커다랗고 두꺼운 귀를 '복귀'라 하였는데, 귓불이 두툼하면 유년 시절의 금전 운이 좋은 것으로 이는 부모의 덕이다.

입, 출납관出納官

입은 출납관으로 나의 주장을 말로써 배출하고 재물의 출입과 활동력을 감당하는 부위이다. 돈이나 물품을 내주고 받는 것을 '출납'이라 하며, 입은 재물을 쌓는 곳간이라 하였다. 입은 꽉 다물어 힘차 보이고, 윗입술과 아랫입술의 길이가 똑같아 단정하며, 붉고 두툼한 게 좋다. 운은 이마의 초년, 코의 중년을 지나 입과 턱의 말년으로 접어든다. 그래서 입은 자식 덕과 부하의 덕을 보는 자리이기도 하다.

"오관이 다 잘 생겼으면 평생 부귀를 누리고, 삼관만 좋아도 길상입니다."

내 말에 어떤 이는 견적을 물었다. 눈이 휘둥그레져 의도를 물으니, 세 군데를 가볍게 성형하면 얼마가 드는지 혹시 알까 싶어 물었단다. 관상가가 아니라 성형외과 원장이 된 기분이었다. 답답함에 우루사의 곰처럼 가슴을 치고 싶었다. 오관은 성형이 아닌 선함, 너그러움, 경청, 관찰, 슬기로움, 웃음, 어진 말, 운을 개선하려는 작은 습관과 의지 같은 것들로 다루어야 한다. 얼굴은 내면에 지닌 것을 드러내기 마련이기에 그렇다.

제3부
'나'를 알면 가야 할 길이 보인다

얼굴에 드러나는 적성

　서른의 K는 취업 준비생이다. 여러 직장을 표류하다 집에 정박했는데, 망망대해 고독한 섬에 방치된 기분이라고 했다. 무얼 하며 살아야 할지 모르겠단다.
　"거, 무슨 일이든 최선을 다해라. 진득하니 붙어 있어. 그래야 진국이지."
　부모의 훈화대로 근면을 앞세워 밭을 가는 소처럼 일하는 건 허무했다. 6~70년대 허리끈을 질끈 조이며 한강의 기적을 위해 몸 닳도록 일한 세대의 표현이 아닌가.
　"무슨 일을 했었는데요?"
　"다 했죠. 법률 사무소 경영 지원, 생필품 회사 영업부, 은행 총무팀."
　그는 이마가 둥글고 눈도 흑진주처럼 또랑또랑 빛나서 호감을 주는 상이었다. 인상 괜찮겠다, 학점이나 토익 점수도 높고, 성격까지 무난하니 어느 조직에서든 책상 한 칸 내줄 의향이 쉽게 생길만했다.
　그런데 왜 그는 자주 퇴사했을까? 장학금도 몇 번 받았고, 졸업 전 외국계 소비재 회사에서 인턴으로 2년간 일했다니 끈기나 성실함의 부족은 아닌 듯했다. 아마 내면의 자의식이 발동했으리라. '돈 벌어서 먹고사는 거 빼면 이 일이 무슨 의미가 있나?' 싶었던 거다. 높은 복리후생과 산뜻한 사무실에 눈이 혹해 일을 시작할 순 있지만 지속하기는 어렵다. 내적 동기의 부재. 그러니 이 일을 왜 하는지, 내가 되고자 하는 모습은 무엇인지 선명하게 그려지지 않아서 그만두지 않았을까?

"저는 무슨 일을 하면 좋을까요?"

세계지도를 펴놓고 어디로 가면 좋을지 묻는 격이다. 구체적인 답을 찾기 위해 얼굴 지형을 살폈다. 먼저 눈에 들어온 것은 빼어난 이마였다. 둥근 헤어라인을 그린 이마는 옆에서 볼 때 이마 위에서 눈썹 위까지가 구릉처럼 완만하게 솟아 있었다. 머리가 좋아 생각이나 판단이 뚜렷할 터였다. 이런 이마를 가진 이는 둔하지 않다. 두뇌 회전이 초고속 인터넷보다 빠르기에 타고난 순발력과 직관력이 있다. 현장 대응이 신속하니 교사나 강사처럼 사람 앞에 나서는 일도 괜찮다.

이마 구릉을 지나 눈꼬리에서 아래턱까지는 살이 빠져 갸름하게 내려왔다. 그의 얼굴을 한자어로 표현하자면 아래로 갈수록 살이 빠지는 갑(甲)자 모양이었다. 이마와 비교해 자아를 의미하는 코가 약하고, 입술이 다소 얇았다.

"윗입술이 얇아요. 생각은 많은데 자기표현을 잘 하지 않는 성향이네요. 사업이나 정치하고는 전혀 맞지 않겠어요."

그는 거래처를 도는 영업직도 잘 맞지 않았다고 했다. 마트를 찾아가 세제나 비누 제품의 장점을 확성기처럼 떠들어야 하는데, 우물쭈물하다 지친 모양이었다. 내향성이 강하니 그럴 수밖에.

"직업을 옷에 비유하기도 하잖아요. 맞지 않은 옷을 입은 것처럼 불편했겠어요."

"네, 노력해도 안 되는 게 있더라고요. 그래서 방황했죠."

기질에 안 맞는 일은 오래 할수록 사람을 소모품처럼 닳게 만든다. 이런 힘 빠지는 상황에서 갑㎜자 얼굴형은 말을 아끼고 일단 참아보는 성향이 강하다. K 역시 불편함을 드러내지 않고 그러려니 참아왔을 텐데, 일을 자주 그만둔 걸 보니 자아 성취의 결핍이 컸으리라.

"네, 코를 보니 물건 팔고 돈 버는 일에도 관심이 없네요. 그런데 머리가 좋잖아요. 학구열도 높은 편이고요. 학자나 선생님, 연구원을 고려해본 적 있나요?"

주변에서 교사가 어울린다는 소리를 여러 번 들었다고는 했다.

"교편을 잡으면 안정적이기는 하지만, 교실에 있으면 고리타분할 것 같았어요. 교과서 처음부터 끝까지 읽고, 일 년 지나면 다시 처음부터 읽을 것 아니에요."

교복이나 회사 유니폼에 착실하게 안착할 외모를 지녔지만, 내면의 그는 넥타이를 풀어 헤치고 자유롭게 살고자 하는 기질이 강했다. 조직의 리더보다는 조용한 공간에서 지적 활동에 몰두하는 프리랜서 형이랄까. 갑㎜자형 얼굴은 생각이 많고 모든 일을 심각하게 여겨 일을 추진하기가 힘든 경향이 있다.

"하고 싶은 게 있으면 도전해보세요."

"저 드라마 작가가 되고 싶어요."

옳다구나! 자율을 추구하고 사고가 풍부한 그에게 어울리는 일이었다. 사주로 봤을 때, 그의 운은 새롭게 트이는 시기였고 이마 양쪽 끝의 천창, 천이궁의 밝은 찰색이 변화의 순조로움을 암시했다. 봄비가 내리면 미세먼지가 사라지듯, 불편한 상황이 자연스레 정리되면서 좋은 운이 다가오는 시기였다. 이럴 때 내면의 목소리를 따라 한 걸음 내딛는 것은 현명하다.

"왜 드라마 작가가 되고 싶어요?"

"사람의 내면을 들여다보고 삶을 재해석하는 게 재미있어요. 인물을 입체적으로 그려내는 일이 흥미롭더라고요."

왜 그 일이 하고 싶은지 내적 동기가 선명했다. 그는 드라마 작가 학원에서 수학하면서, 관련 분야에 서서히 발을 디디고 싶어 했다. 현재는 텔레비전 드라마의 보조 작가로 활동하면서 대본 작업에 활발히 참여 중이다. 한 선배가 그에게 그러더란다. 한 분야에 자리 잡으려면, 최소 10년은 버틸 수 있어야 한다고. 기독교인인 그는 그 말을 십자가 목걸이처럼 가슴팍에 품고 오늘도 부단히 쓰고 있다.

사람의 얼굴형을 보면 그가 지닌 적성을 어느 정도 파악할 수 있다. 수십 개의 골격으로 짜인 사람의 얼굴 모양을 세세히 구분하자면 열 가지도 넘지만, 크게 동그라미, 네모, 세모로 풀어본다.

○형

○형은 동그란 얼굴형에 눈, 코, 입, 귀도 동그랗다. 성격이 모나지 않고 둥글둥글해 주변과 잘 어울린다. 여유가 있으며 낙천적이다. 얼굴뿐만 아니라 몸통도 동그랗다면 머리부터 발끝까지 완벽한 ○형으로 가슴이 풍부하고 배도 둥글다. 살점이 많이 붙은 팔과 다리는 원추형의 드럼 스틱처럼 생겼다. 높은 이상을 추구하거나 재벌이 된다기보다 배 두드리며 뒹굴뒹굴 살기에 적당한 선에서 멈추는 실질형이다. 먹는 것을

좋아하고 고기 없는 식사를 하는 법이 없다.

살집이 두둑해 타고난 복이 있고, 재물과 금전 관리가 탁월해 상당한 재산을 모은다. 은행이나 회사 중역 얼굴형에 ○형이 많다. 다만 콧대가 눈에 두드러질 정도로 약하다면 40세까지 지독한 고생을 하고 그 이후

영양질

부터는 성공해 말년에 여유로운 삶을 즐기는 게 보통이다. 은행가, 증권사는 물론 농업, 상업, 공업, 수산업과 같은 생산 경제 관련 직업을 가지고 있는 경우가 많다.

□형

얼굴이 네모지고 힘줄과 뼈가 발달했다. 눈이 큰 편이며, 시원시원하고 씩씩한 분위기를 풍긴다. 목이 굵은가 하면 어깨가 넓고 각이 졌다. 탄탄한 골격을 지닌 이로 심성이 강하고, 목표를 향해 성실하게 노력하는 근면가다. 관직이나 사직 어느 분야에서나 원만하게 해결해

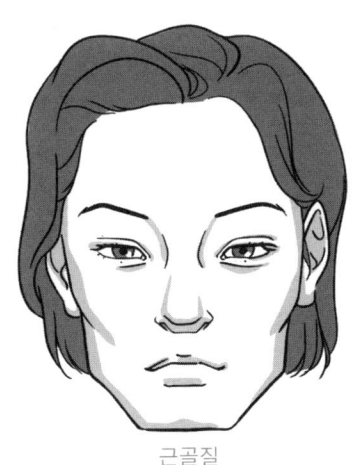

근골질

나가는 유형으로, 자기 사업에 열중하여 목표를 이룰 수 있다. 신의가

두터워 군인, 경찰, 정치가로 출세하는 이가 많으며, 건축이나 토목업을 경영하면 성공할 수 있다. 운동선수나 연극배우로 활동해도 좋다.

▽형

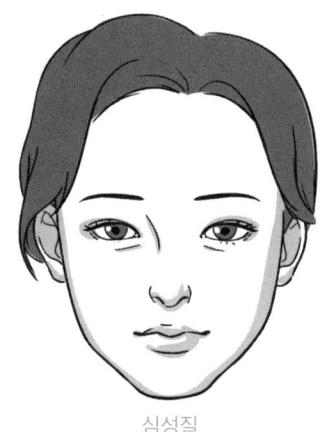

심성질

앞서 이야기한 K의 얼굴형이다. 이마가 잘생기고 턱이 갸름하다. 어려서부터 유복한 집에서 자라 호강하는 초년 운이 좋은 형이다. 두뇌가 발달하여 똑똑하다. 성격이 예민하고 생각이 많아 일을 추진할 때 어려움을 겪을 수 있다. 심성이 고우며 착실한 성품으로, 벌어들인 재산으로 배우자를 호강시키며 자기희생적이다. 학자나 연구 계통의 일을 하면 좋다.

공무원이 될 수 있나요?

공무원 시험 준비생이 나를 찾아오는 경우가 왕왕 있다. 공직에 맞는 얼굴은 과연 따로 있을까? 회사원 될 사람이 고시원 책상에 질기게 붙어 있다 보면 8급이나 9급 공무원이 될 수는 있다. 그런데 공직에서 인정받으며 승승장구하기는 어렵다. 공직이 제격인 A는 구청에서 근무하는 9급 공무원이 되었고, 천상 사업가인 B는 행정고시에 합격했다. 10년 뒤 A는 공직에서 기세를 떨치며 출세했지만, B는 구설과 시비에 시달리며 고달프게 살고 있다.

관록궁官祿宮은 관록, 나라의 봉록을 받는 직업에서 성공해 고관대작이 될 가능성을 가늠하는 자리다. '이름을 떨치는 정치인이나 행정 관료가 될 수 있을까?' 하고 관운官運의 유무를 판단하는 지표가 된다. 나아가 기업의 관료나 재벌 등 높은 사회적 지위에 오를 수 있는지도 알 수 있다. 관록궁은 이마를 말하며, 정확히는 천정, 사공, 중정에서 좌우로 일각, 월각을 보는 자리다.

이마에서 뿜어져 나오는 광채는 그가 지닌 강한 신념과 정기다. 인생의 길을 열며 출세의 자리에 오르게 할 만큼 강력하다. 관록궁은 이마 면보다 약간 솟아올라 살빛이 밝고 맑으면 좋은 상이다. 주름이나 사마

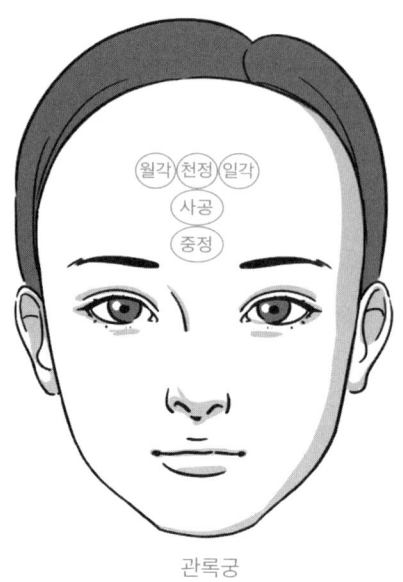

관록궁

귀 없이 말끔하고, 혈색이 깨끗하며 도톰한 이마를 가진 이는 높은 지위를 갖고 귀인의 도움을 받는다. 관상에 점수를 준다면 이마가 30점, 눈은 50점, 코가 10점, 귀와 입이 각각 5점씩 100점 만점으로 본다. 벼슬이 높은 사람은 이마와 눈만 좋아도 80점이 되므로 성공할 수 있다.

이마에 관직 운이 있고, 코에는 재물 운이 있다. 고위 관직은 코보다 이마가 중요하며, 상인은 이마보다 코가 중요하다. 이마가 좋은 사람은 관직을 선택하고, 코가 좋으면 상업으로 직업을 선택하는 게 현명하다. 이마는 출셋길로 넓으면 좋다. 둥근 것도, 모진 것도 좋다. 배가 두둑한 고등어를 엎은 것처럼 생겼으면 금상첨화로 초년부터 관운이 좋아 일찍 출세한다. 이마가 움푹 파이거나 흉터가 많고 울퉁불퉁한 사람은 초년부터 고생한다. 평생 관운이 부족해 직업을 찾기 힘들다.

"저 공무원이 될 수 있나요?"

취업 준비생 E는 눈빛이 또렷하고 강한 정기를 지녔으며 시원시원했다. 코는 우뚝하고 풍만했지만, 이마가 좁고 색이 탁해 아쉬웠다. 좁은 이마를 가진 이는 비교 분석 능력이 뛰어나지만, 관운은 눈곱만큼도 없다. 사교성이 부족해 고독에 빠지기도 쉽다. E는 재물을 관장하는 코가 좋아 공무원보다 전자상거래 관련 일을 하면 크게 성공할 얼굴이었지만, 그릇이 작았다. 노후 안정을 위해 어떻게든 나랏일을 붙잡고 싶어 했다.

'이거 아니면 안 된다'라는 생각. 인생이 일차선 도로인 듯 한 방향만 고수하는 사람을 보면 안타까워 혀를 끌끌 찬다. 눈앞에 잘 닦인 도로를 마다하고 위대한 모험 정신을 내세우며 첩첩산중으로 들어가는 느낌이랄까. 한 가지 최선책만 있고 차선책은 없는 사람이나 둘러보거나 우회하는 유연함이 없는 인생은 곧고 곧아서 외길이 된다. 그래서 '간절하면 이루어진다'라는 말을 그다지 좋아하지 않는다. 아무리 간절해도 운이 닿지 않으면 몇백 대 일의 경쟁률을 뚫기가 어렵기 때문이다. 간절하지 않아서가 아니라 아무리 노력해도 상황과 운이 맞지 않아서 이루어지지 못하는 거다. 이럴 때는 간절하게 몸이 부서질 때까지 도전하는 것보다 상황을 살피며 자신을 객관화하는 자세가 필요하다.

"수학 교사가 되는 건 어떨까요?"

공무원에 집착하는 그의 질문에 중학교 시절 수학 선생님을 떠올렸다. 이마가 내 손바닥보다 좁았던 그녀는 꽤 엄격했는데, 아이들을 따끔하게 혼내다 지쳐 수업 중간에 울음을 터뜨리곤 했다. 이차방정식을 똑 소리 나게 가르치긴 했지만, 학생들이 두루두루 따르고 존경하는 교사는 아니었다. 그녀는 평생 교편을 잡아서 행복했을까?

선거에서 이기는 얼굴

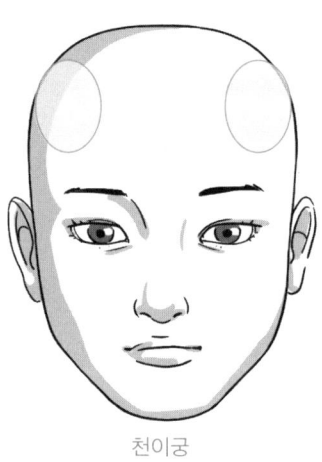

천이궁

계절과 계절 사이를 지날 때 기류가 요동치고 바람이 불듯, 정국이 변하는 시기에는 선거 바람이 분다. 지역 일꾼이나 국회의원 선거가 코앞이면 상담실에서도 그 바람을 느낀다. 이른 겨울 시베리아와 만주를 거쳐 한강으로 날아드는 기러기 떼처럼, 후보자들이 어김없이 찾아오기 때문이다. 그의 말과 표정, 행동만큼이나 국민의 눈과 귀를 집중시키는 게 있을까. 그가 내딛는 한 걸음이 곧 정치 노선이다. 내뱉는 말 한마디에 표밭은 가을 갈대밭처럼 출렁인다. 상담실에서 만난 그들은 전문가의 손길을 거쳐 용모와 풍채가 멀끔한 편이다. 열의 열은 앞머리를 세웠다. 이마를 훤하게 드러내는 건 자신감의 상징이니까. 거기에 눈썹 문신까지 해서 선명한 인상을 심었다. 몸으로 뛰는 일꾼인 듯 셔츠를 팔꿈치까지 걷어붙이고 찾아와 해당 지역 유권자가 아닌 내게 힘차게 악수하기도 한다. 제대로 봐달라는 뜻인 건가?

'이 사람 올해 벼슬할 운이 트였나?' 수수께끼 풀 듯 생년월일로 사주를 하나하나 풀어내고 이름 석 자의 획을 해체해 운을 파헤친다. 거기에 관상까지 더하면 당락 가능성을 어느 정도 예측할 순 있지만, 상대 후보의 관상도 봐야 정확하다. 아래에서 위로 올라가는 관운이 있는가 하면 별빛처럼 머리 위로 쏟아지는 관운도 있다. 이마에 띠 두르고 고시원 책상에 찰거머리처럼 붙어 공무원이 되었다면 전자에 해당한다. 사다리 타듯 본인의 노력으로 9급, 7급 한 칸 한 칸 올라가는 격이다. 고위 공직자는 후자에 해당하며 윗사람이 내리는 운을 받는다. 대통령이 그를 장관으로 임명한다거나, 국민이 표를 몰아주어 국회의원의 자리에 오르게 한다. 고관대작의 운을 지닌 자는 이마가 넓고 사마귀나 흉터, 틀어짐 없이 반듯하며 광채가 돈다.

천이궁遷移宮은 양 눈썹 끝에서 이마 가장자리까지로 하늘의 창고, 천창天倉이라 한다. 옮길 천遷, 옮길 이移. 천이는 '옮기다'라는 뜻으로 본래 벼슬을 높일 때 쓰던 표현이다. 천창이 풍만해 구릉처럼 솟은 이는 옛 고관대작들이 쓰던 사모관대를 꽉 채워 쓰고 높은 관직에 오른다. 이마가 좁고 천창이 꺼진 이는 사모관대를 써 봤자 위엄 있는 풍채가 나오지 않는다. 고관대작의 자리에 오를 수 없으며 오른다 해도 오래 머물지 못한다. '사주에 없는 관을 쓰면 이마가 벗겨진다'라는 말이 있듯이, 분에

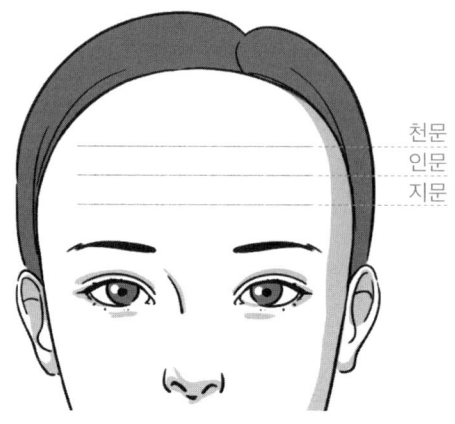

넘치는 자리에 오르면 도리어 해를 당하게 된다.

　이마에는 나이가 들수록 선명해지는 세 개의 주름이 있는데, 위에서부터 천문과 인문, 지문으로 나눈다. 천문天紋은 하늘이 그에게 내린 것으로 윗사람과의 운기를 나타내며 위에서 아래로 내리는 승진이나 고위 공직의 가능성을 알려준다. 이마 가운데의 인문人紋은 자아를 상징하며, 기억과 관찰, 분석 등 지능 활동을 뜻한다. "우리 동네 불모지와 하천은 다른 지역의 두 배구나. 생태 숲과 운동 코스로 가꾸면 부가가치가 창출되겠다. 가용 예산부터 살펴볼까!" 인문이 뚜렷한 자는 사물과 현상의 이치를 잘 깨달아 자기 분야에서 성공한다. 지문地紋은 육체와 땅을 말하며, 몸을 움직여 일의 성과를 거두는 능력을 본다. 지문이 선명한 자는 정신적인 일보다도 행동으로 실천하는 것에서 안정을 찾는다. "우리 동네 지하철역에 신분당선 개통을 공약하겠습니다." 그의 지문이 펜으로 그은 듯 뚜렷하다면 그는 공약을 실행에 옮기려 두 발로 뛰는 사람이다.

세 개 주름이 가로로 가지런히 놓인 후보를 보면 '정치를 잘하고 평생 걱정 없이 순탄하게 살겠구나' 싶다.

이마 중앙에 진하게 그어진 가로 주름 한 줄의 일자 주름은 막자 주름이라 하며 상황에 따라 해석이 극과 극이다.

"일자 주름이라…, 이건 한 표를 긋는 획인가, 지우는 획인가?"

그의 사주와 안색을 살피면 일자 주름을 풀이할 수 있다. 사주에 관운이 강하고 얼굴의 관록궁이 형형하다면, 일자 주름은 표를 더하는 한 획이니, 그를 당선인으로 만들 것이다. 막자 주름은 인생에 좋지 않은 훈장을 남기기도 한다. 운의 암흑기에 진해진 막자 주름은 양 손목을 너끈히 묶을 만큼 길어져 그를 감옥에 보내기도 한다.

일자미

후보자의 적절한 눈썹 화장이나 문신은 운을 트이게 한다. 붓으로 한일자를 바르게 그은 듯한 일자미 一字眉는 눈썹이 끊기거나 흩어지지 않고 가지런하다. 초년에 복록이 발달하여 고관대작이 될 수 있는 관운을 지녔으며 재운이 좋아 부귀를 누릴 수 있다.

청수미

청수미 淸秀眉는 맑고 빼어나며 미각이 살짝 굽은 눈썹을 말한다. 눈썹이 수려한 가운데 눈의 길이보다 훨씬 길면 매우 총명하고 지혜로워 일찍 고시에 합격한다. 심성 또한 곱고 형제 간에 우애도 좋다.

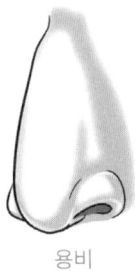
용비

관운이 좋은 코로는 용비龍鼻를 꼽는다. 바다에 살다가 하늘로 올라가 구름과 바람을 일으키는 상상의 동물인 용의 코는 백절불굴하는 투지의 상징이다. 코의 뿌리인 산근에서 코끝까지 콧대가 일정하고 평평하게 솟아 힘이 있고, 양쪽 콧방울이 위로 들려 있어 어마어마한 김을 내뿜을 기세다. 용비는 남성에게 좋은 코로 금전보다 명예를 중요시하며 한 번 결심하면 이루고자 하는 강한 의지를 드러낸다.

앙월구

입신출세의 길상인 입은 앙월구仰月口로 초승달 같이 입 모양이 위로 휘어져 있으며 양 끝이 위로 올라간 모양새다. 입술이 얇지 않고 붉으며 입술 윤곽선이 명료하다. 두뇌가 명석하고 재치가 있어 관운이 따르는 입술이다.

점어구

점어구는 배가 뒤집힌 모양으로 메기가 뻐끔거리는 듯한 입술이다. 점어구鮎魚口처럼 양 끝이 아래로 처진 입에는 기세가 없다. 허풍이 세고 언행이 경솔해서 운이 흩어져버린다. 입술이 선처럼 가늘어 빈약하거나 살짝 찌그러졌다면 말실수가 잦거나 말과 행동이 일치하지 않아 신뢰성이 떨어진다. 그래도 기세가 있다면 관운이 따른다. 입 모양도 모양이지만, 귀를 쫑긋 세우게 하는 건 그의 목소리다. 청량하면서도 천하를 호령하듯 우렁찬 목소리는 유권자의 마음에 메아리치듯 울린다.

얼굴을 떠받치는 턱은 임금을 보좌하는 부하와 같다. '턱을 통해 부하를 본다'라는 말이 있듯이, 턱을 보면 그가 많은 이를 거느릴 수 있는지 알 수 있다. 둥글고 풍만한 턱, 풍만하다 못해 살이 겹치는 이중 턱은 두터운 표밭으로 좋은 사람과 많은 부하를 거느리게 된다.

한여름 태풍처럼 뜨거운 선거 바람이 한차례 휩쓸고 지나가면 정국의 기류는 바뀐다. 관운을 얻는다는 건 명예로운 일일까? 그 자리에 있을 때는 알 수 없다. 명예는 그가 쥔 권력으로 만들 수 없기에. 무릇 세상에서 훌륭하다고 인정받는 지도자의 명예는 그가 책임을 다하고 자리에서 내려온 뒤에 국민이 부여하는 것이다.

이마에서 성격을 읽다

짱구는 예쁜 누나와 초콜릿을 좋아하는 다섯 살 꼬마다. 〈짱구는 못 말려〉 일본 원작에서 그의 이름은 노하라 신노스케이고 한국에선 짱구라 불린다. 제목의 탁월함에 놀랐다. 이마가 크게 튀어나온 머리통을 지닌 이는 만화 속 짱구처럼 못 말리는 성향을 지니고 있어서다. 작가가 제목을 지을 때 관상을 공부했나 싶다.

옆에서 보았을 때 동글동글한 사과처럼 튀어나온 앞짱구. 이마가 운을 담은 그릇이라면 짱구는 이마에 운을 고봉밥처럼 소복이 담고 있다. 짱구형 이마를 가진 이는 눈치가 빠르고 처한 상황에 따라 요리조리 잘 움직이는데, 그 원천은 날카로운 직감력에 있다. 이마에 더듬이만 달지 않았을 뿐 감각으로 판단하는 촉이 발달했다.

"오, 이 사람하고 일하면 아주 재밌겠는데."

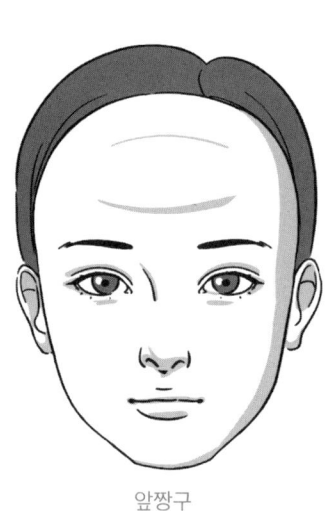

앞짱구

"왠지 예감이 좋아. 이 상품 만들면 대박 나겠어."

생각이 자주 번뜩이고 요동치다 보면 몸이 근질근질한 법이다. 짱구는 호기심이 많아서 굼뜬 걸 참지 못한다. 발 냄새로 도망치는 도둑을 잡으려고 굴뚝을 운동화로 막아놓는가 하면, 굴뚝 위에 앉아서 방귀를 뀌기도 한다. 생각보다 행동이 앞서 이곳저곳 들쑤시고 다니며 일을 벌이고 사람을 만난다. 그래서 운도 일찍 트이는 편이다. 못 말리는 짱구의 집은 조용한 날이 없다.

앞서 언급했듯이 이마에는 그의 성격이 적혀 있다. 이마 윗부분이 넓은 사람은 차분하고 침착한 편이다. 순리대로 될 테니 기다려보자, 하면서 나무에서 사과가 떨어질 때까지 입 벌리고 누워 있다. 느긋하다 못해 실천에 옮기는 게 느릴 수도 있다. 이마 상부가 좁은 사람은 성격이 급해 행동이 빠르다. 열매가 떨어지기 전에 나무 꼭대기에 올라가 열매를 따야 직성이 풀린다. 눈썹 선과 이마 꼭대기 사이의 높이가 좁아도 마찬가지다. 몹시 급하다 못해 저돌적이라서 앞뒤 가리지 않은 채 들이대고 덤비기도 한다.

장기 연애를 못 하는 후배 C가 있었다. 길어야 6개월. 첫인상에서 호감을 느껴 애정의 불길이 달아올랐다가도 서로를 알아갈수록 생각한 바와 달라 관계가 서늘해지곤 했다. 어떤 남자가 좋은지 물어보니 무뚝뚝해 끊어질 것 같은 사람은 질색이

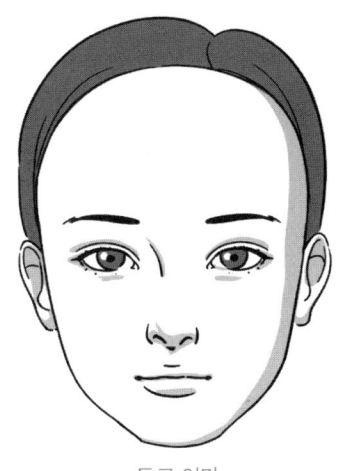

둥근 이마

란다. '밥 먹었어? 오늘 잘 보냈어?' 하며 애정 표현 잘하고 마음도 담요 같이 푸근하고 따스한 이가 좋단다. 그래서 짧게 충고했다.

"이마 선이 둥근 남자를 만나."

헤어라인이 둥글면 마음도 곡선이라 감수성이 풍부하다. 희로애락이 얼굴에 솔직히 드러나고 감정 표현도 잘한다. 헤어라인이 둥글고, 옆에서 볼 때도 이마 끝에서 눈썹 위까지 둥근 사람은 적당한 사교성도 있어 조직 생활이 원활하며, 업무 처리가 꼼꼼하다. 그래서 일 잘한다는 평을 듣는다.

반대에게 끌리는 걸까? 둥근 이마를 지닌 C가 만났던 남자는 하나같이 네모진 이마를 지니고 있었다. 이마 선이 일직선이면서 이마 양쪽 끝이 각이 진 모양이다. 이런 유형은 사고가 직선적이고 앞뒤 관계를 따지기에 논리적이며 이해력이 풍부하다. 업무 관리가 철저해 직업에 전문성을 가지고 있다.

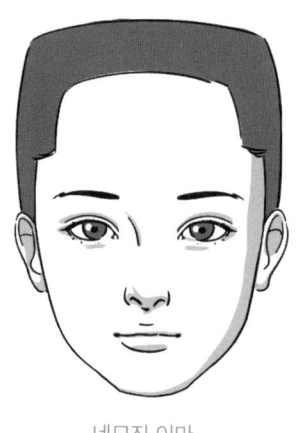
네모진 이마

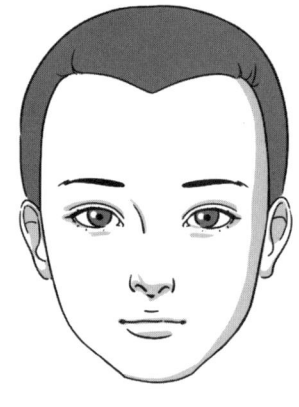
꼭지형 이마

연애로 힘들어하던 C는 숱한 도전 끝에 결혼해서 현재는 알콩달콩 햄 볶으며 산다. 그녀가 택한 배우자를 보자마자 헤어라인부터 살폈는데, 3자 이마를 지닌 사람이었다. 헤어라인 가운데가 꼭지처럼 조금 내려온 유형으로 다정다감한 사람을 찾던 그녀에게 어울리는 배필이었다. 꼭지형 이마를 지닌 사람은 감성적이고 직관에 따라 움직이는 편이라 사고가 유연하다. 성격도 부드럽고 가정적이며 애정 운이 강해서 애처가가 될 가능성이 크다.

10년 전만 해도 상담실을 찾아오는 중장년 남성 가운데 탈모로 고민을 호소하는 이들이 열에 한둘은 있었다. 결혼했다면 이미 물이 엎질러진 상태라 상관없지만, 미혼이라면 이마가 광야처럼 드넓어지는 상황이 반갑지 않은 모양이었다. 이들 대부분은 M자형 헤어라인을 지녔다. 이마 양쪽 가장자리가 벗겨진 모양이다. 요즘에는 가발이나 모발 이식으로 보완할 수 있기에 M자형 헤어라인에 대한 고민은 해소되었다. 이는 미용 기술의 발전 때문이기도 하지만 개성을 드러내는 시대 성향도 한몫했다. 변동 폭이 높은 주식 그래프처럼 생긴 M자. 골짜기처럼 하강하는 중앙 부분이 본래는 작았다가도 나이가 들수록 M자의 두 꼭대기가 정수리를 향해 치솟으면서 골짜기가 깊어진다. 요즘에는 이를 가발로 감추기보다 있는 그대로 드러낸 배우나 세계적인 지휘자들을 쉽게 접할 수 있다. M자형은 창조성이 발달해서 예술 분야

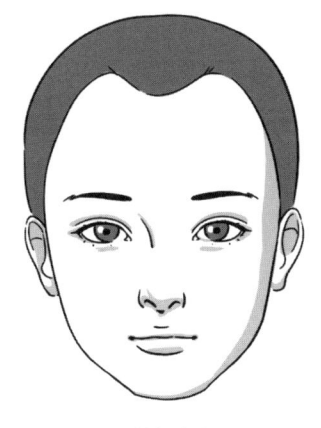

M자형 이마

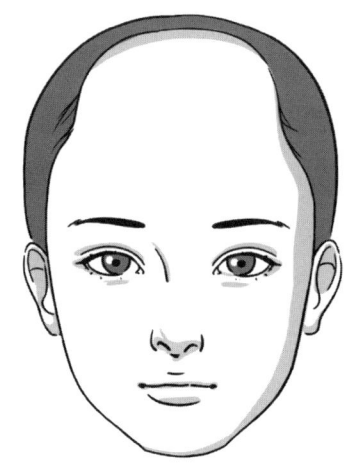

뒤로 넘어간 이마

에 종사하면 빛을 발휘할 수 있다.

이마가 얼굴의 반을 차지하는 유형도 있다. 머리카락이 잘리자 힘을 잃어버린 삼손만큼은 아니지만, 이마 윗부분이 정수리를 향해 뒤로 길게 넘어갈수록 사람의 마음은 약해진다. 소심한 탓에 자기 생각을 드러내지 못하고, 주체성이 부족해 계획성 없이 살기 쉬우므로 모발 이식을 권하는 편이다. 이마 모양만으로 물길보다 복잡한 한 사람의 내면세계나 성격을 단정 지을 순 없다. 눈과 귀, 입 모양, 골격구조, 말투 등을 살펴야 정교하게 드러난다. 그래도 대략 가늠할 수는 있다. 냄비 뚜껑을 열듯 머리를 올백으로 넘기면 드러나는, 그 사람이 지닌 그릇의 모양을.

눈썹과 눈썹 사이, 운이 통하는 길

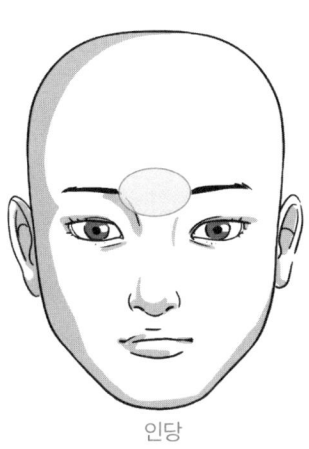

인당

지금 이 글은 동네 카페에서 쓰고 있다. 앞좌석에 뽀글뽀글한 파마를 한 어르신 두 분이 자리를 잡았다. 얼굴이 공처럼 똥그랗고 팽팽한 한 분은 눈이 반달 모양이다. '웃고 있는 건가, 원래 표정이 저런가?' 긴가민가해서 노트북 모니터 너머로 흘끔흘끔 봤다. 그 옆 친구분은 입꼬리가 '피' 하고 바람 빠지듯 내려와 있다. 우락부락한 눈맵시 위로 명궁에 천川 자가 흘러내린다. 명궁에 생긴 주름이라…. 말 한마디 안 섞어도 어떻게 살아왔는지 대강 알 것 같다.

"화났구나. 왜 인상 쓰고 말해?"

"나 인상 안 썼는데?"

분명 얼굴을 펴고 있는데 주변에서 자꾸만 찡그린 것처럼 본다는 60대 여성이 있었다. 나도 그렇게 봤다. 스트레스나 근심거리에 눌려 살다 보면, 명궁에 주름이 침범한다. 가장 흔한 주름은 '쌍현침문'이다. 미간 중앙에 세로로 두 개의 주름이 젓가락처럼 나란히 놓인 모양으로 미간을 찡그린 듯한 인상을 준다. 불만, 걱정, 고지식함을 얼마나 달고 살았기에 이마 정 중앙이 베였을까? 주름에 훼손된 명궁이 운에 좋을 리 없다.

이혼 남성의 명궁에서는 '현침문'을 자주 본다. 명궁을 반으로 가른 한 개의 세로 주름이다. 현침문이 있는 사람은 올곧고 완고하며 고집스럽다. 의지와 오기, 집념이 똘똘 뭉쳐 있어 전문가로서 성공한다. 하지만 뭐든지 과하면 잃기도 하는 법이다. 강한 고집은 부부 사이를 갈라서게 하기도 한다. 현침문은 갈등과 욕구 불만이 오랜 세월 쌓이며 얼굴에 나타난 주름이다.

명궁은 사람의 정신이 모이는 곳이다. 운명상 가장 중요한 부위이며 수명을 보는 곳이다. 명궁이 밝고 깨끗하다면 선천적으로 좋은 운명을 타고 태어난 것이다. 그래서 목표를 위해 정진한다면 어느 분야든 정상의 자리에 오를 수 있다. 또한 코뿌리인 산근과 잘 이어져 있으면 장수할 수 있다. 명궁을 눈썹과 눈썹 사이 사잇길이나 작은 공터 정도로만 치부한다면 큰 오산이다. 그 너비와 윤택함에 따라 총명함과 어리석음, 마음의 넓고 좁음은 물론 건강까지 파악할 수 있다.

명궁은 손가락 두 마디 정도 들어가는 너비면 적당하다. 지나치게 좁으면 오히려 운이 정체되는 일이 생긴다.

"으이구, 답답해. 어쩌면 되는 일이 없냐!"

명궁이 막히면 한탄할 일이 는다. 보기에도 답답할 정도로 마음이 좁고, 생각도 좁아 가난을 면하기 어렵다. 학업을 중도에 포기하는 경우도 생긴다. 두 눈썹이 운의 통로인 명궁을 가로막고 있다면 운의 잡초를 제모 칼로 정리하는 게 좋다. 눈썹과 눈썹이 벌어져 있어 명궁이 지나치게 넓다면 마음이 넓다 못해 우둔해 보인다. 사리를 분별하지 못해 웃음이 헤프거나 울음이 헤퍼 일을 제대로 처리하지 못한다. 화내야 할 때 한없이 관대하거나 이끌어야 할 때 우물쭈물하고 있으니 이런 사람이 조직의 관리자가 되면 회사가 휘청휘청하게 된다.

명궁은 인당印堂이라고도 한다. 도장 인印에 집 당堂으로 풀이하자면 도장을 찍는 곳(?)이다. 눈썹 사이에 도장은 왜 찍나 싶었다. 시험이나 승진에서의 합격, 불합격을 알리는 도장인가? 관상에서 인당은 학당이라고도 불리는데, 인당이 적당한 넓이에 광택이 나면 학식과 견문이 뛰어나 고상한 학자의 기풍을 풍긴다. 인당에 연홍빛이 돌면 승진의 징후이며, 거칠고 붉은 반점이 돌면 직장 내에서 심각한 갈등이 생긴다.

명궁을 예사롭지 않게 바라보기 시작한 건 학창 시절에 수학여행으로 간 불국사 석굴암의 본존불상 앞에서였다. 길고 가느다란 눈에 어깨에 닿을 듯 늘어진 귀, 풍후한 턱에 자비로운 표정, 번뇌의 얽매임에서 벗어나 불생불멸의 경지에 오른 성인의 엄숙한 기품에는 딱 한 가지 옥에 티가 있었다. 명궁에 움푹 들어간 요철이 보였다. 본래 보석이 박혔는데 임진왜란 때 일본에 도난당했다고 한다. 태양이 부처의 인당에 닿으면 온 세상을 비추는 광채가 뿜어져 나라를 수호했다니, 인당은 얼마나 보배로운 부위인가. 인도 여인들이 인당에 보석을 붙이거나 붉은 도장을 찍는 것도 그제야 이해했다. 정신적인 기가 모이고, 눈으로 볼 수 없는 신비한 세계를 들여다보는 제3의 눈이 바로 인당이었던 것이다.

  이 글은 끝나가지만, 앞자리 할머니 두 분의 수다는 한창 진행 중이다. 분명 같은 이야기를 주고받을 텐데, 한 분은 잔잔하게 웃고 있고 그 옆에 계신 분은 인상을 쓰고 계신다. 풍금 연주하듯 인당에 주름이 수시로 접혔다가 펴진다. 두 얼굴을 번갈아 바라보며 나도 모르게 인당을 매만졌다.

말년을 나아지게 하는 법

지인 J는 내 앞에서 중학교 시절의 한문 수업을 떠올리곤 한다. 역학을 공부하신 선생님이 수업의 지루함을 돌파하기 위해 재밌는 제안을 던지신 일이 있었다.

"혹시 사주 보고 싶은 사람 있니?"

J는 호기심에 손을 번쩍 들어 올렸다. 선생님은 J의 생년월일과 한자 이름을 칠판에 적었다. 그러고는 암호 해독이라도 하듯 다다닥 획을 긋고, 간지를 따지며 J의 운을 풀이했다. 40명의 학우 앞에서 자신의 사주가 공표되는 순간 J는 자릿했다.

"이 사주는 그럭저럭 적당히 살지만, 말년에 운이 안 좋아. 뜻밖의 사고로 제 명대로 살지 못하고 죽을 수 있어!"

열여섯밖에 되지 않은 J는 '말년'이라는 단어가 지닌 아득함을 붙잡았다. 당장은 아니고 반세기쯤 지나 닥칠 일이라는 생각을 주입하자 견딜 만했다. 불혹의 마흔을 지나 쉰이 되고 나니 성큼성큼 다가오는 말년에 신경이 쓰였는지, 나를 만나면 한자 수업 이야기부터 꺼냈다.

찜찜하다는 J. 그녀에게 말년 운과 관련된 관상 부위를 알려주었다. 가장 먼저 눈썹. 지붕이 집을 아우른다면, 얼굴의 눈썹은 운의 전반을 아우른다. 털들이 촘촘히 모여 그린 인생 곡선이랄까. 눈썹은 눈썹 머리를 기준으로 뻗어나가 상승하다가 완만하게 하강한다. 눈썹의 시작에서 가정 운을 읽는다. 태어나서 만나는 부모와의 관계를 보기 위해 숱이 많고 다복한지, 아니면 돈독하지 못하고 뿔뿔이 흩어져 있는지 살핀다. 눈썹의 중간은 인생이 뻗어가는 시기로 중년의 자기 발달을 보여준다. 성장 곡선을 지난 눈썹의 꼬리는 재산 운, 업무 성과나 말년 운을 나타낸다.

적당히 짙고 굵기가 일정한

상처나 끊김 없이 매끈한

눈보다 너비가 넓은

좋은 관상의 눈썹에 관해 설명하자 J가 물었다.

"눈썹은 이왕이면 두꺼운 게 좋은 건가? 숱이 무성할수록?"

"아니, 두꺼운 눈썹은 좀 답답하지. 융통성과 타협이 부족해 보이잖아."

J는 자신의 눈썹을 만지작거렸다.

"눈썹꼬리가 지저분하게 흩어진 편이라 칼로 제모하고 다녔는데, 그랬더니 눈썹 끝부분이 낭떠러지처럼 끊겨버렸네."

전청후소미

그녀의 눈썹 유형을 관상에서는 전청후소미前淸後疎眉라 한다. 눈썹 머리는 깨끗하고 단정해 보이지만 끝으로 갈수록 흩어지는 모양이다. 초년에는 일찍 이름을 떨쳐 재물을 얻고 집안을 빛내지만, 말년에는 재물이 흩어져 곤궁해질 수 있는 상이다. 눈썹 손질이 어렵다기에 문신으로 뒷부분을 말끔하게 채우기로 했다.

말년 운이 좋은 사람의 눈은 밝고 똘똘하다. 호기심 가득한 아이처럼 눈이 반짝거리고 생기가 돈다. 반면 눈이 흐릿한 어른은 자기 한탄이나 체념에 젖어 든 경우가 대부분이다. 삶이 그저 그렇고 뻔한 상태다. 나는 사람의 눈을 차의 헤드라이트에 빗대어 말했다.

"밤에 차가 앞으로 주행하려면, 눈에 불을 환하게 켜고 주변을 살피면서 쌩쌩 나아가야 하잖아. 반대로 정차된 차는 불이 꺼져 있거나 흐릿하고."

삶을 정주행하는 사람의 눈은 또렷하다. 흰자위, 검은자위의 경계가 분명해 눈빛에 힘이 있다.

"그런 눈은 타고나는 거 아니니?"

"아니, 눈은 세상을 바라보는 시각을 담고 있어. 자기 주관을 가지고 소신 있게 사는 사람의 눈빛을 보면 밝고 선명하지."

J는 형광등을 켜듯 눈을 깜박거렸다.

말년 운을 보는 자리인 턱은 적당히 살이 붙어 단단하고 힘이 있으며, U자 모양으로 완만하게 뻗은 게 좋다. U자는 직선의 뼈에 살집이 두둑하게 붙은 모양새로 무엇보다 후덕하다. 주변과 유~(U)하게 융합하기에 자녀 운과 재운도 두둑하게 붙는다. 관절 끝이 각이 지고 튀어나온 네모난 턱은 말 그대로 모난 성격이다. 고집불통으로 주변 사람과 타협점을 찾기가 어려우니 나이가 들면 고립되어 외롭다.

J의 턱은 뾰족하고 살집이 없는 V자에 가까운데, 턱살을 찌우면 운을 높일 수 있다. 만화나 영화에서 보면, 표독스럽고 예민한 인물은 메이크업으로 턱선을 날카롭게 표현하는 경우가 많다. 날렵한 턱선은 날카로운 매력을 줄 수 있지만, 말년 운에는 좋지 않다.

"브이넥 옷을 입으면 턱의 뾰족함이 두드러지니까 목둘레선이 둥근 옷을 자주 입는 게 좋겠어. 단발머리에 볼륨 파마를 해서 뾰족한 턱을 보완하면 더 좋고."

J는 옷차림, 머리 맵시만으로 운이 트일 수 있다는 게 신기하다고 했다. '나 이렇게 생겨서 일이 안 풀린다' 하는 푸념이 사라졌다고 한다. 그녀의 턱에는 주름도 약간 있었다. 자글자글 주름이 잡힌 턱은 근심이 있거나 심드렁해 보인다. 관상으로 풀이하자면, 말년이 곤궁해 사람들과 융화가 잘 되지 않는다. 자주 웃으면서 턱 주름을 펴고, 사람들에게 먼저 다가가서 말을 걸고 주변과 원만하게 어울리려고 노력하면 말년 운에 고립은 없다. 물론 이를 꾸준히 실천한 경우에 한해서다. 처진 근육을 '업'시켜주는 운동처럼, 흩어진 말년 운을 모아서 상승시키려는 노력도 지속적으로 해야 효과를 본다.

나는 '말년이 다가온다'라는 표현이 달갑지 않다. 마치 말년이 두 발로 걸어와서 사람을 좌지우지한다는 느낌이 들어서다. '말년을 맞이하다, 말년에 다다른다'라는 표현은 사람이 두 발로 걸어 나가 말년에 도달하는 뉘앙스다. 삶은 매 순간 나아가고 확장되면서 말년의 정거장에 다다른다. 삶의 기차는 과연 어떤 역에 도착할까? 그것은 나의 걸음걸이에 달려 있다.

페이스 스토리 1

팔자 주름에 드러나는 직업 운

A가 두 팔을 양옆으로 펼치고 다리를 벌린 채 서 있다. 마치 수평 감각을 익히는 모양새다. 그의 몸을 줄이고 줄여서 B의 얼굴 위에 포개는 상상을 해본다. 두 팔은 눈썹 위에 턱 걸쳐놓고, 두 다리는 입술 주위에 벌어져 있다. 코를 중심으로 양쪽으로 벌어진 다리의 위치는 팔자 주름이 생기는 자리다.

팔자 주름은 관상에서 두 다리를 뜻하는데, 사회적 활동이나 직업 운을 보여준다. '나이가 들어서도 꾸준히 일을 하나요?' '한 분야에 오래 있나요? 이직이 심하나요?' '전문성이 있나요?' 같은 질문을 받을 때면 나는 그의 사주는 물론 팔자 주름의 모양새도 관찰한다.

팔자 주름은 법령法令이라 불린다. '법 시행령 제1조, 제2조' 할 때의 법령이라니, 주름과 법령이 무슨 상관인 걸까? 팔자 주름은 자신의 법도를 지닌 자의 무늬라 할 수 있다. 나무의 나이테가 해마다 선명해지듯, 법령은 사회 경험으로 인생의 법칙을 터득해가면서 생기는 무늬다.

법령은 코끝 좌우로부터 입가로 길게 뻗친 금으로 여덟 팔八 모양을 그린다. 대개 어릴 때는 법령이 생기지 않다가 스무 살이 넘어 직장이나 자기만의 전문적인 업이 생기면 법령이 뚜렷하게 나타난다. 물론 이보다 더 빠를 수도 있다. 방송 프로그램이나 광고에서 뼈도 굳지 않은 아역배우의 얼굴에 굵직한 법령이 자리 잡은 경우를 볼 수 있다. 유년 시절부터 스스로 자립할 수 있을 만큼의 업이 생기거나 전문성을 보이면 법령은 빠르게 나타난다. 하지만 초년 출세는 양날의 검이다. 초년에 명성을 얻는 것은 큰 복이지만 그 후유증 때문에 안 좋을 수도 있다. 미성숙한 나이에 많은 걸 당연하게 누리게 되면 머리보다도 큰 오만함이 생겨서 인생 전체를 쓰러뜨리기도 한다.

만 원짜리 지폐에 그려진 세종대왕의 법령은 넓게 퍼져 있다. 사회적 지위가 높아지면 호령하는 기관이 늘어나듯이, 법령이 넓으면 높은 지위에 올라서 많은 부하를 거느릴 수 있다. 주름 좌우가 같거나 넓으면서 너무 깊지는 않은 채로, 길게 턱 방향으로 뻗어 나가면 좋은 상이다.

법령은 당신의 처지를 드러낸다. 소위 잘 나간다든지, 생활 기반이 잘 잡혔는지를 주름의 길이와 진하기로 보여준다. 마흔이 한창 넘은 중년의 나이인데도 법령이 분명하지 않다면, 그 사람은 아직 생활 기반을 잡지 못했거나 취업 준비 중이거나 인생의 미로 속에 갇혀 길을 찾지 못해 고민하는 사람일 가능성이 높다.

"열심히 일하면 될 줄 알았는데, 제가 일할 곳이 아니더라고요."

"뭐하러 이 분야에 오래 있었나 모르겠네요."

숨 가쁘게 달려왔지만, 한계와 회의감이 몰려들면 자신도 모르게 수년간 지킨 자리를 떠나고 만다. 이때 눈빛에 강한 정기가 돌고 오악에 윤기가 나 있으면 이 시기의 한계를 극복할 수 있지만, 그렇지 않다면 생활 기반을 잡지 못해 위기를 맞이하게 된다.

법령이 없는 사람

법령 선이 아예 없는 이는 관상에서 두 다리가 없는 사람이다. 사회적 활동 운이 전혀 작동하지 않아서 무슨 일을 하든 흐지부지해지고, 채용 시험에서도 계속 떨어진다. 또한 부모의 유무를 떠나 그들과는 인연이 없어 같이 살 수도 없다. 부모 도움 없이 혼자 시작해야 하니 생활 기반이나 사회적 위치를 구축하는 데 많은 시간이 걸린다.

"피, 뭐 되겠어. 적당히 해보고 아니면 말지."

"뭐하러 생고생을 하면서 이 일을 해. 편한 거 찾고 말지."

법령 선이 없는 사람은 소극적이며, 투쟁심이나 노력이 부족한 경우가 많다. 몇 발자국 나가다가도 계획대로 되지 않거나 경쟁에서 밀리면 바로 포기해 버린다. 발걸음이 약해서 법령 선이 나아가지 못하는 거다. 얼굴에 법령이 없다면 스스로 물어볼 필요가 있다.

작은 약속은 잘 지키는가?
책임감을 느끼고 적극적으로 일하는가?
노력 없이 좋은 결과만을 기대하는 것은 아닌가?

내게 사장 명함을 건네며 관상을 보러온 이가 있었다. 직원 수가 백여 명 가까이 되는 중견기업을 10년간 이끄는 사장이었다는데, 예상대로라면 길게 뻗어야 할 법령 선이 보이지 않아 의아했다. 알고 보니 이름만 사장일 뿐 실질적인 경영주가 있어 운영권은 주어지지 않았다고 했다. 법령 선이 없는 이가 사장이 되는 것은 좋지 않다. 책임만 따르기에 법률 문제가 발생하면 관재수가 생기기 쉽다.

법령이 좌우 두 개인 사람

스몰 웨딩홀을 운영하면서 중개 무역업을 하는 50대 남성 J는 선명한 법령 선을 좌우 두 개씩이나 가지고 있다. 쌍무지개처럼 보기 드문 이중 법령선이다! 그는 두 가지 이상의 사업을 하면서 다리가 네 개라도 되는 듯이 일한다. 일을 꾸미고 추진하는 데에 재간이 있는 사람이다. 눈여겨볼 것은 그의 법령 끝에 여운처럼 남아 있는 잔주름이다. 그의 명성이 올라가거나 사업이 한창 번창하고 있음을 알 수 있다. 주부 역할을 하면서 사업을 운영하는 전문직 여성도 법령 선이 양쪽에 두 개씩 있는 경우가 많다.

법령이 한쪽만 이중선인 사람

"오. 양쪽에 법령 선이 두 개 있으면 능력자네요. 나는 한쪽만 이중 법령 선이 있는데요?" 하며 묻는 이도 있다. 법령 주름이 좌우가 같지 않다면 다리가 짝짝이란 뜻으로 생활이 불안정하다는 것을 의미한다. 한쪽만 이중 법령 선이 있으면 메뚜기가 요리조리 뛰듯 직업을 자주 바꾸거나 생활이 어려워 두 가지 이상의 일을 해야 한다. 낮에는 제과점, 밤에는 편의점. 겹벌이, 세겹 벌이를 뛰며 전전긍긍하는 N잡러들은 이런 주름을 지녔다.

법령선이 깊은 사람

초년에 직업 전선에 뛰어든 이들은 법령 선이 깊다. 마치 선이라도 그은 것처럼 멀리서도 잘 보이는 법령 선에서 그의 강한 주관을 엿볼 수 있다. 얼굴에 획이 그어질 만큼 주관이 뚜렷하고  집념이 강인한 면은 장점일 수 있으나, 자기중심적이어서 타인에게 무리한 것을 요구하는 독선도 지니고 있다.

법령은 나의 운세를 나타내는 지표다. 자세히 들여다보면 직업이나 일과 관련된 나의 현재 상황을 알려준다. 법령은 의지와 비례한다. 법령이 중간에 끊긴 단절형은 직업을 자주 바꾸고 끈기가 부족하다. 법령이 짧은 사람은 지구력이 부족하고, 직업과 주거가 자주 바뀌기 때문에 정착이 힘들다. 법령 선이야말로 우리 자신이 그려온 인생 경로라 할 수 있다.

페이스 스토리 2
귀를 보면 인생이 보인다

천

인

지

　누군가의 귀를 보면서 그의 성향이나 운을 읽곤 한다. 일부러 그러는 건 아니고 얼굴을 보면 그의 귀가 자연스레 보여서 알게 되는 걸 어쩌나. 방송국에서 원로 가수의 귀 관상을 본 적이 있다. 60년대 데뷔곡 〈밤안개〉를 시작으로 재즈풍의 목소리로 한국형 팝을 선도했던 대가수였다. 그녀의 귀는 느티나무 잎처럼 큼지막하고 길었으며 윤기가 나고 맑았다. 얼핏 보면 부처님 귀처럼 보였지만, 전체적으로 뒤집힌 모양이었고 아래로 갈수록 좁아졌다.

"초년에는 부모 덕이 있어 유복하게 자라셨는데 중년 이후로는 배신이나 사기, 재물을 잃을 운수를 겪을 형상이네요."

그녀는 덤덤하게 고개를 끄덕였다.

"맞아요. 가요계 데뷔부터 순탄하게 달려와서 한동안 여왕처럼 살았지만, 4~5년 전부터는 사기도 당하고 도둑까지 맞았네요."

귀는 초년에서 중년과 말년에 이르기까지 전반적인 복의 크기를 알 수 있는 부위로, 귓바퀴가 크고 완만하면서 살집이 단단하게 있어야 운에 좋다. 관상을 볼 때는 귀를 천天, 인人 지地 세 부분으로 나눈다. 사람은 태어난 후 초년에는 천天, 하늘이 내린 것(부모의 생활환경, 심성이나 기질)을 그대로 받는다. 귓바퀴가 크고 뚜렷한 윤곽을 그리면서 두터우면 유복한 가정환경에서 자랐음을 알 수 있다. 귀가 길고 높이 솟은 사람은 고관직에 오르는 경우가 많다. '눈썹이 신하라면 귀는 임금'이라는 말처럼 귀가 높이 붙어 있어야 나라를 다스리는 우두머리가 된다.

"이 사람 귀는 양 날개를 펼친 나비보다도 작겠어."

귀는 작지만, 고위공직자가 된 이가 있었다. 그는 부모의 뒷바라지 없이 자기 혼자의 힘으로 그 자리에 오른 사람으로 철두철미한 자기관리형 귀를 지녔다. 귓바퀴의 테두리가 명확하고 귀 가장자리에서 귓구멍으로 이어지는 굴곡이 볼펜으로 선을 그은 듯 선명했다. 뚜렷한 귀의 윤곽이나 모양으로 볼 때 완벽주의 성향이 묻어났는데, 풀이하자면 인생을 자로 재듯 한 단계씩 정확하게 밟아 올라가는 유형이었다. 이런 귀는 자주 보이면 보일수록 더 좋은 복이 들어온다.

귀의 가운데 부분, 인人은 본인 자신으로 귓바퀴와 함께 귀 안의 단단한 뼈, 이곽을 포함한다. 인人은 이곽을 움직이며 왕성하게 활동하는 중년 운을 보여준다. 귀의 가운데가 꺼지고 상처가 있거나 쏙 들어갔다면, 중년 운이 침체한다는 의미다. 한창 일할 나이에 무기력으로 인해 실행력이 떨어지거나 게을러 취업이 더딜 수도 있다. 귀의 중간에서 아래 끝까지 화살 깃과 같이 날카롭게 떨어지면 중년 이후부터 가산을 탕진하거나 일이 뜻대로 풀리지 않음을 암시한다.

지地는 말년을 보는 자리로 노년에 축적한 금전과 물질에 대해 알 수 있다. 귓불은 귀의 맨 밑 뼈가 없는 부분으로 두툼하거나 살집이 풍부해 부처님 귀처럼 늘어지면 말년 운이 좋다. 자수성가하거나 자식 복이 있다는 말이다. 반대로 귓불이 꺾이거나 주름졌다면 말년에 큰 실패나 위기가 찾아온다. 이때, 귀걸이나 머리카락으로 귓불을 적당히 가리면 보완할 수 있다.

귀 위치의 높고 낮음을 판단할 때 기준선은 눈높이에 둔다. 귀 윗부분이 눈보다 높게 솟아 있으면 일에 있어 목표한 바를 이루려는 성취욕과 실행력이 높아 출세 운이 열려 있다. 이런 귀를 가진 사람은 감정에 기폭제를 지니고 있다.

"가슴이 뛰는구나! 그래 이 일이야. 회사 그만두고 제대로 준비해 보자."

"그래 기분이다! 뒤풀이는 내가 다 낼게. 맘껏 먹으라고."

분위기에 잘 취하는 편으로 마음이 끌리는 대로 움직이면서 과감한 결단을 내리기도 한다.

귓바퀴 맨 윗부분이 눈보다 아래에 있으면 섬세하고 냉철한 사람이다.

"가만있어 봐. A와 B를 잘 비교해 보고 결정하자."

"왜 철수가 영희에게 화를 냈을까? 심리학으로 분석해볼까?"

논리적이고 차분한 성격으로 교사나 학자, 연구원이 어울린다. 귀가 낮다고 해서 운이 나쁜 것은 아니지만, 귀가 높이 있는 사람에게는 일이 잘 풀리는 복이 더 들어온다고 볼 수 있다.

TV 생활 정보 프로그램에 패널로 등장한 한 가정의학과 교수는 귀 관상이 썩 좋지 않았다. 그의 귀는 한 입 베어 물고 남은 만두 크기로 귓바퀴가 둥그렇지 않고 살짝 찌부러졌으며 옆 날도 풍파가 몰아치고 간 듯 휘어 있었다.

"남들 엘리베이터 타고 올라갈 때 나는 계단 밟고 죽자 살자 올라갔어요. 정말 인간 승리에 가까운 노력이었다고 할 수 있죠."

그가 너스레 부리듯 했던 말은 사실이었다. 귀를 보니 초년 고생이 심한 상으로, 자기 인생에 대해 진지한 태도로 성실히 노력해왔기에 저명한 의사가 되었을 거라 짐작되었다. 중반 이후로 그의 운은 점점 나아지는 추세였다. 귓바퀴의 윗부분이 눌린 듯 일그러졌다가 아래로 갈수록 넓어지면서 귓불이 두꺼워졌기 때문이다.

"그런데 정면에서 봤을 때, 귀가 많이 보이면 좋은 상인가요?"

질문을 던진 그를 앞에서 바라보니 귀가 훤히 다 보이는 상이었다. 귀는 귓구멍을 통해 외부의 소리를 내부로 흡수한다. 즉 발산보다도 수렴, 하강하는 음의 기질이 강하므로, 정면에서 볼 때 다 보이는 것보다는 적당히 가려지는 게 운에는 좋다. 귀가 많이 보이면 풍파를 겪거나 재산을 잘 지키지 못하는 것으로 본다.

"재산을 못 지킨다고요?"

그가 휘둥그레진 눈으로 재차 물었다. 그렇더라도 방법은 있기 마련이다.

"돈을 현금으로 갖고 있으면, 손해나 사기를 당할 수도 있어요. 돈을 쉽게 만질 수 없도록 부동산이나 장기 적금에 묻어 두세요."

그의 귀는 정면에서 많이 보이기도 하지만, 귓불이 살짝 꺾여 금이 새겨지기도 했다. 꺾인 귓불은 남의 부탁을 거절하지 못하는 성향으로 타인의 유혹에 넘어가거나 배신당할 가능성이 크다.

귀는 찰색을 통해서도 그 성향을 드러낸다. 귀가 얼굴에 비해 붉은 이는 호기심이 많다. 무엇 하나 그러려니 넘어가는 것 없이 물음표가 머릿속에서 끊임없이 일어난다.

"불황인데도 이 가게는 왜 잘될까?"

"두 사람은 어떻게 사랑에 빠지게 되었을까?"

뭔가를 알고자 하면 끝까지 캐내서 알아야 하는, 고집스럽고 끈질긴 성향을 지니고 있다. 이런 집요함을 따발총 쏘듯 난발하면 운에 독이 되지만 잘 활용하면 출세 운을 계속 키워내기도 한다. 얼굴과 귀의 찰색은 약간씩 차이가 나기 마련인데, 찰색의 변화가 전혀 없는 이는 충동적이지 않고 절제력이 강한 편이다.

귀는 인생 전반의 복을 가늠하는 부위 가운데 하나일 뿐. 귓바퀴의 윗부분이 눈썹 위로 솟았다고 해서 모두가 임금이 되지 않고, 귀가 찌그러졌다고 인생이 망가지지도 않는다. 귀가 못생겨도 눈이나 코가 길상일 수 있다는 말이다. 관상은 합산의 개념이다. 좋은 부위는 운에 플러스가 되고, 그렇지 못한 부위는 마이너스가 된다. 부위마다 더하기와 빼기를 반복하면서 운을 합산한다.

귀의 모양새가 정교한 까닭에 대해 생각해 본다. 풍문에 다가온 소리는 귓바퀴를 한 바퀴 돌고 이곽의 길을 굽이굽이 거쳐 귓구멍에 닿는다. 깊은 산골 옹달샘이 맑은 것처럼, 거르고 걸러 고운 소리만 내부로 전하려는 의미가 아닐까. 산만하고 해로운 것은 바람결에 흘리고 삶에 이로운 소리만 흡수한다면, 그런 지혜가 운을 지킬 수 있을 것이다.

제4부

얼굴에 그려진
부의 지도를 따라

가난의 얼굴을 벗고

3년 전 그가 저벅저벅 걸어 들어올 때, 으스스한 느낌이 사무실을 엄습했다. 사람의 기운은 자장과 같아서 당기거나 밀어내는 성질이 있는데, 그에게는 뭐랄까, 상대방을 뒷걸음치게 하는 맹수의 야성이 감돌았다. 살쾡이나 늑대처럼 물어뜯을 것만 같은 살기가 눈빛에서 흘러나왔다. '이 사람 심상치 않네.' 교도소에서 출소하자마자 나를 찾아왔을지도 모를 일이었다.

"어떤 부분이 궁금해서 오셨나요?"

그를 바라보다 잠잠히 물었다.

"새로운 사업을 좀 해보려고요."

사업은 제쳐두고 관상부터 손봐야 할 얼굴이었다.

"예전에도 사업을 했는데 다 망하지 않았었나요? 금전 문제로 쇠고랑 차지 않았어요?"

그가 나를 뚫어지게 보았다. 눈이 작고 눈동자가 둥그래서 이리 눈 같았고 얼핏 삼백안三白眼에 가까웠다.

이리 눈

　삼백안은 눈의 흰자위가 세 군데인 눈이다. 눈동자 좌우 말고도 위나 아래에 흰자위가 보이는 눈을 말한다. '그렇게 태어났는데 어쩌란 말인가요?' 하고 물으면 할 말은 없다. 다만 습관으로 만들어진 눈매라면 노력으로 교정할 수 있다. 머리를 숙인 채, 눈을 치켜뜨거나 눈썹을 찡그리는 습관이 쌓이면 선했던 눈매도 이리 눈처럼 독살스럽게 변하는 거다. 이리의 눈을 지닌 사람은 성격도 포악하다. '이건 먹잇감이다!' 광폭한 충동으로 어떤 일에 왈칵 달려들어 물고 늘어지거나 움켜잡는다. 그러다 계획대로 풀리지 않으면 금방 흥미가 시들해진다. 일을 마무리하지 못하고 딴 곳으로 시선을 돌려버린다. 산천을 어슬렁어슬렁하며 먹잇감 냄새만 맡고 다니는 형국이랄까.

　그는 퇴사 후 자그마한 상가를 얻어 인테리어 설비업체를 운영했고, 사업 확장을 위해 주변인에게 손을 내밀었다고 했다. 돈 냄새가 풍긴다 싶으면 '형님, 형님' 하면서 넉살 좋게 다가가 술잔을 건네며 은근슬쩍 밑밥부터 깔았다.

　"형님, 저기 대로변에 통유리 건물 있죠? 거기 리모델링 한창 하는데, 요즘 원자재 가격이 워낙 오르네요. 착수금을 미리 받아둔 상태라 난감해요."

　먹잇감을 향해 슬금슬금 다가가는 포식자처럼 교묘하게, 짧게는

2~4개월, 길게는 몇 년 허허거리는 얼굴로 자신을 포장하면서 상대가 경계를 풀기를 기다린 다음 완전히 낚을 수 있겠다 싶을 때 슬슬 얘기를 꺼냈다.

"자금 들어오는 게 지연되네요. 당장 공사해야 하는데 큰일이에요. 3,000만 원만 빌려주시면 이자 높이 쳐서 두 달 안에 돌려드리죠."

상대는 '그래?' 하고 한 번쯤 생각했다. 사업도 웬만큼 되는 것 같고, 서글서글한 얼굴로 밥도 사주고 잘 베푸니 호인처럼 보였다. 그는 그런 식으로 여러 명에게 살점 같은 돈을 뜯어냈다.

"왜 만기일인데 돈을 안 갚나?"

"어휴, 형님 걱정도 팔자셔. 다음 주 수요일 9시에 제 사무실로 오세요."

태평한 얼굴로 떵떵거리니 안 넘어갈 사람이 있을까. 채권자들이 그의 사무실에 웅성웅성 모이고 보니 정작 그의 모습은 보이지 않고 빈 책상에는 서류만 날렸다. 격노한 채권자들은 몇 개월의 수소문 끝에 모텔을 들락날락하던 그를 포획했다.

"처음부터 사기극을 꾸미지 않았나요? 몰래 도망갈 계획이었죠?"

그는 우물거리다 그건 아니라고 했다. 한몫 벌 수 있을 것 같아서 자금을 끌어들였는데, 궁지에 몰리니 공갈 협박에 시달렸다고 했다. 맞아 죽지 않으려면 줄행랑이 최선이었다고 둘러댔다. 그는 즉흥적인 생각과 본능에만 따르는 동물적 성향으로, 신중함과 책임감이 결여돼 사업운을 지닐 수 없었다.

간단미

"진득하니 끈기 있게 일 못 하죠?"

내 물음에 그가 갸우뚱거렸다. 중간중간이 끊겨 있고 상처 자국이 보이는 그의 눈썹이 그렇다고 말해주고 있었다. 이러한 눈썹을 간단미 間斷眉라고 하는데, 뭘 해도 흐지부지 자포자기가 쉬운 편이다. 뚝뚝 끊어지는 눈썹처럼 심성이 한결같지 못하고 즉흥적이어서 재산의 흥망도 잦은 편이고 매사 원하는 것만큼 성과를 내지 못한다.

검봉비

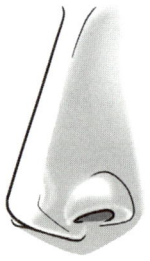

그의 몰골은 코와 입으로 내려갈수록 점입가경으로 치달았다. 코는 검봉비劍峰鼻로 살집 없이 길고 날카로워 칼로 깎아놓은 듯했다. 코끝이 두둑하고 콧방울이 살아 있어야 재물 운이 붙는데, 그렇지 못하니 현금 조달이 어려울 터였다. 뽀족한 콧대처럼 자존심만 찌를 기세로 강했다.

저구

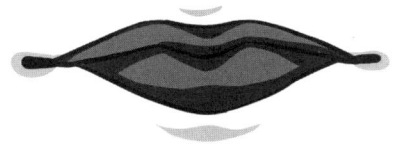

입은 '저구'라 불리는 돼지 입이었다. 윗입술은 얇고 긴 반면 아랫입술은 작고 두텁게 솟아 있었다. 두 입술의 폭이 다르니 입꼬리에 침이 고였다. 말할 때 입에서 거품이 이는 사람은 요란한 빈 수레처럼 장황할 뿐 진실성이 없다. 먹잇감으로 유인하듯 솔깃한 말로 여러 사람에게 투자를 받긴 했지만, 야무지게 모으지 못해서 술술 새어 나가는 거다.

복역 후 인생을 쇄신하는 마음으로 나를 찾아온 것일 테니, 일단 그의 관상에서 드러나는 심성을 곧이곧대로 말해주었다.

"이런 입술을 가진 분들은 매우 이기적이에요. 혼자만 잘되면 그만이니 다른 사람들과 타협하지 못하고, 마음도 굉장히 차갑습니다. 실리부터 챙기니 당장은 본인에게 유리할 것 같지만, 장기적으로 보면 부랑자처럼 떠돌면서 지내게 되요. 그러다 잘못하면 패가망신합니다."

그래서 사업을 하지 말고, 어디든 들어가서 3년 이상 착실하게 일하면서 신뢰부터 얻으라고 했다. 사람을 볼 때는 눈을 아래에서 위로 치켜 뜨거나 위압적으로 굴지 않아야 관상이 바뀔 수 있고, 나아가 운도 바뀐다고 일러주었다. 그러한 노력 없이 관상가만 무작정 찾아오는 건 아무 효과가 없다고 했다. 1년 후 다시 나를 찾아왔을 때, 그는 식당에서 배달 일을 하고 있었다. 문신으로 끊긴 눈썹을 보충했고, 표정도 예전보다 나아지긴 했다.

반성과 쇄신의 기미가 보이자 그에게 다른 방법도 조금씩 알려주었다. 그중 한 가지가 운동이었다. 그는 다리가 학처럼 길고 얇았다. 이런 체형은 두 다리를 분주하게 움직이면서 바쁘게 일하지만, 돈은 벌지 못한다. 다리 근육을 단련시키고 살집을 키워야 운이 바뀐다. 다시 1년이 지나고 그가 나를 찾아왔다.

"저 약속 지키고 있습니다. 2년째 같은 가게에서 일하고 있어요."

그는 환하게 웃으며 법령(팔자 주름)을 길게 늘어뜨렸다. 운의 변화를 알리는 미세한 신호가 반가웠다.

돈을 부르는 지갑

"웬만하면 지갑 좀 바꾸지."

디저트를 사겠다며 카페 계산대에서 가연이 지갑을 내밀 때, 한마디 하지 않을 수 없었다. 그녀가 손에 쥔 지갑은 직사각형에 보라색으로 모서리가 너덜너덜하게 해진 걸 보니 오래된 게 분명했다.

"어어, 일단 계산 좀 하고."

지갑을 뒤지는 걸 보니 신용카드를 꺼내려는 모양이었다. 속이 찬 만두처럼 빵빵한 지갑에는 흰 종이가 수두룩했다. 영수증 더미였다. 입에서 하고픈 말이 근질근질 올라왔지만, 일단 시원한 레모네이드부터 한 모금 마셨다.

가연은 투잡러다. 아침에는 회사원 김 대리, 저녁에는 만화를 그리는 프리랜서 일러스트레이터다. 악착같이 일하고 돈을 허투루 쓰지도 않지만, 기본급이 워낙 박해 통장 잔액이 늘 바닥이었다. 지갑을 얼핏 보니 그 이유를 알 것 같았다. 밑 빠진 독에 물 붓는 격으로 가늘게 들어와서 줄줄이 돈이 새는 형세였다.

집안 인테리어를 할 때 화장실 입구나 침대 방향을 고려하듯, 돈의 집이라 할 수 있는 지갑에도 풍수지리가 작용한다. 지갑 속 돈이 자리

잡고 누울 방향만 바꿔도 금전 운이 올라가는 건 당연지사다. 관상가로 활동하면서, 고객이나 지인들의 지갑을 볼 때마다 안타까운 순간이 허다했다. 금전 운을 높인답시고 (아무리 말려도) 멀쩡한 코에 칼까지 대면서, 그보다 돈도 덜 들고 쉬운 지갑 관리에는 소홀한 이들이 얼마나 많던지.

"너 지갑 쓴 지 오래됐지?"

내가 묻자, 가연은 8년 전 지인에게 선물받은 페라가모 지갑이라고 했다. 지갑 윗면에는 금박이 로고가 떨어져 나간 자국이 남아 있었다. 지갑을 야무지게 잠그던 똑딱이 단추도 떨어져 나간 상태였다. 그녀가 헉헉대며 출근할 때마다 가방 속에서 헤프게 입을 벌린 채 나뒹굴었을 지갑의 모습을 떠올렸다.

"아직 쓸만한데 버리긴 아깝잖아."

알뜰한 가연에게 지갑을 바꾸는 건 지갑을 여는 것보다도 내키지 않을 터였다.

"돈은 자신을 대우해주는 사람에게 붙는단다. 절약하기 전에 잘 대우해줘야 한다고. 낡은 지갑을 쓰는 건 돈을 부르는 데 결코 도움이 되지 않는 일이야. 더럽고 수리 안 된 집에 복이 들어오지 않는 것과 같은 이치야."

일리가 있다고 느꼈는지 가연은 몸을 앞으로 당겼다.

"그러면 어떻게 관리하면 되는 건데?"

"일단 지갑을 바꿔야지."

지갑의 적당한 수명은 3년에서 5년 정도다. 화려하거나 명품 지갑일 필요는 없고 깨끗하면 된다. 돈은 두 발이 없지만, 수입과 지출을 통해 이동하는 속성을 지닌다. 돈의 머리 방향(윗부분)을 지갑 안쪽으로 깊숙이 넣으면 돈은 그 속에 콕 박혀 있으려 한다. 지출은 막고 저축은 늘릴 수 있다.

일장 연설이 시작되자 가연은 지갑을 내 손에 넘겨주었다. 생선 배처럼 볼록한 그녀의 지갑은 영수증 더미와 짤짤대는 동전들로 은근 무거웠다.

"꾸역꾸역 집어넣은 영수증부터 빼."

영수증은 지출의 증표다. 돈을 내보내는 기운을 지갑에 쌓아두는 건 저축에 도움이 되지 않는다. 영수증 버리는 김에 동전도 빼고 깨끗한 지폐를 같은 방향으로 해서 넣을 것을 권했다. 그래야 지갑이 큰돈을 부르는 법이다.

가연의 지갑에는 돌아가신 부모님의 사진과 부적 두 장도 들어 있었다. 지갑 안에 돈이 모이려면 팽창하고 상승하는 양의 기운이 돌아야 하는데, 죽은 이의 사진은 음의 기운이 강해 이를 막는다. 또한 부적은 12월 12일 동지를 기준으로 그 유효함이 사라진다고들 한다. 언제 넣었는지도 모른 채 무작정 넣고 다니는 부적은 운을 산만하게 하므로 빼는 게 좋다.

"이참에 지갑 하나 사야겠다. 근데 지갑 색깔은 상관없니?"

가연이 모처럼 반가운 질문을 했다. 지갑과 주인의 궁합을 위해서는 그의 사주와 오행에 맞는 색깔을 선택하는 게 가장 좋다. 그와 별개로, 부자들이 많이 쓰는 검정 지갑도 고려할 만하다. 튀지 않고 무난하면서 재물 운이 쌓이는 데 도움을 주는 색이다.

태어난 계절의 기운을 보완하는 색을 지갑에 지니면 좋다. 갑돌이 옆에는 갑순이. 덜렁쇠 옆에는 꼼꼼한 이가 있어야 하듯, 음과 양이 어우러져야 운이 트인다.

> 봄에는 나무가 푸릇푸릇
> 여름은 불처럼 빨갛게 이글이글
> 가을은 하얀 쇠처럼 차갑고 단단해
> 겨울은 깊은 골이 많아 깜깜해

봄은 초록빛. 쑥쑥 자라는 나무에는 양의 기운이 가득하다. 하늘로 뻗어 올라가는 나무가 양이라면, 이에 반하는 음은 땅속의 하얀 쇠다. 봄에 태어난 사람에게는 흰색과 회색 지갑이 운에 좋다. 여름에는 태양을 피해 깜깜한 동굴에 들어가야 살 것 같다. 한여름에 태어난 이에게는 검은색을 추천한다. 으스스한 가을에 태어난 이에게는 푸릇푸릇한 봄의 기운을 더하는 푸른색과 녹색이 좋다. 가연은 겨울에 태어났다고 했다. 그녀에게는 분홍, 주황, 자주 등 빨간색 계통의 지갑이 좋다. 지갑 온도를 높임으로써 돈이 쌓이는 기운도 덩달아 세진다.

나는 지갑을 두 개로 구분해서 사용한다. 하나는 비상금 보관용, 다른 건 외출용이다. 깨끗한 돈은 돈을 부르는 부적이다! 비상금 지갑에는 빳빳한 신권을 같은 방향으로 맞춰서 넣어 둔 채로 서랍 안에 고이 모셔 두었다. 내가 어릴 적, 엄마는 지갑을 주방에 두곤 했다. 장 본 물건을 꺼내면서 지갑을 식탁이나 싱크대 주변에 두었던 거다. 부엌의 칼과 불에는 충斷이 있다. 찌르거나 태우는 성질이 좋은 운과 맞부딪히므로, 지갑은 부엌에서 멀리 두어야 좋다.

돈에는 청개구리 기질이 있다. 알뜰살뜰 긁어모은다고만 해서 물에 담가 둔 미역이 불어나듯 지갑에 돈이 불어나지는 않는다. 오히려 적당히 내보내야 제 발로 걸어 들어온다. 지갑에 든 돈에서 30퍼센트는 세상에 내보내야 쓴 만큼 다시 채워지는 법이다. 돈은 반려동물과 같다. 한곳에 머물게 하거나 나 몰라라 방치해서는 안 된다. 주기적으로 손질해주고, 털을 빗질하듯 가지런히 모양새를 정돈해 주어야 운이 토실토실 붙는다.

만수르, 부를 쌓는 얼굴

아랍에미리트 아부다비의 왕자. 맨체스터 시티 FC의 구단주. 부의 상징인 치타를 목줄에 걸고 다니며 애완하는 사람. 만수르는 재산이 40조에 달한다고 한다. 40조라. 100만 원권 수표를 63빌딩 높이로 쌓아야 닿을 수 있는 '조'의 경지다. 고개를 아무리 들어도 그 끝이 보이지 않는 부는 도대체 어디에서 오는 걸까? 유전 탐사하듯 그의 얼굴을 살폈다. 실주름 없이 반드럽고 평탄한 구리빛 사막. 그의 이마는 석유 몇십만 리터는 족히 매장된 기름밭이다. 부모와 조상의 덕을 이마에 떡하니 붙이고 태어난 거다.

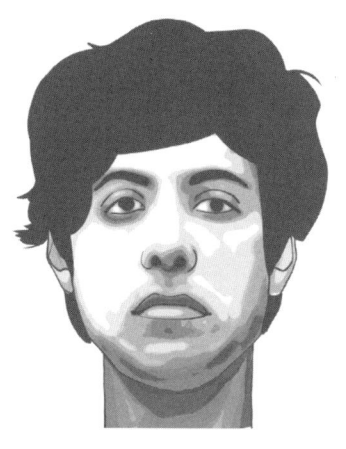

그의 중년 운은 어떠한가? 초년에서 중년으로 넘어가는 골목 어귀, 인당이 매끄러워 운의 이동에 정체가 없겠다. 이마 사막을 건너온 초년 운은 중년으로 나아가면서 가속도가 붙는다. 오똑한 산근부터 코끝까지 콧대가 두바이의 광활한 고속도로처럼 뻗어 있다. 콧구멍은 석유가 터져 나올 만큼 넉넉하면서도 코끝 살에 적당히 가려져 돈줄기가 누수되는 일은 없겠다. 좌우 콧방울이 빵빵하게 차 있으니 재산을 잘 지키는 편이다. 아랍 부자들 상당수가 돈을 장난감 삼아 흥청망청 투자해서 손해 보는 경우가 흔한데 만수르는 예외다. 제대로 된 투자로 상당한 수익을 본 사업가로 유럽 곳곳에 상당한 주식의 지분을 차지하고 있다. 기름밭만 갖고 태어난 줄 알았더니 재산을 지키고 불리는 재간도 있는 거다.

　투자 원칙이라도 있는 걸까? 그의 진중함과 일관성을 목에서 본다. 기다랗고 굵직한 모양새가 은행나무 기둥 같다. 일자로 곧게 뻗은 목에서 초지일관의 성품이 풍긴다. 마음이 갈대 같이 오락가락하지 않고 바로 선 사람이 자아내는 신뢰감이다. 뭇사람에게 시기나 질투보다도 존경의 대상으로 섬김받을 상이다. 물형관상으로 본다면, 그의 얼굴은 낙타를 닮았다. 두툼한 쌍꺼풀 아래 박힌 큼지막한 눈. 마스카라를 한 듯 짙은 속눈썹을 지녔다. 사막을 느릿느릿 걷고, 오아시스 물을 긴 혀로 핥으며 목을 축이는 낙타. 만수르에게도 그런 순한 기질이 있다. 살짝 처진 눈매와 부드러운 눈빛에서 평화주의자의 면모가 비친다.

　고불고불 말린 머리카락. 그는 적당히 고집스럽다. 제멋대로 구부러진 머리카락에 관골이 옆으로 튀어나오고 턱이 각졌다면 고집불통에 흉상이겠지만, 그는 합리적인 사람으로 보인다. 눈매에 깃든 선함이라든가, 둥글고 도톰한 귓불에서 보이는 인덕이 뻣뻣한 흑발의 고집스러움을 중화시켜준다. 언젠가 만수르가 이빨을 다 들어내며 웃는 모습을 TV에서 보았는데, 그럴 때 그는 더욱 낙타 같았다. 살짝 풀린 눈매, 코를 벌름거리는 낙타처럼 양옆으로 납작하게 퍼지는 콧구멍이 그러하다.

하얀 토브를 몸에 걸치고 모래사막 건너에서 나타난 구단주 만수르는 맨시티 축구팬들에게 '중동에서 온 졸부 구단주'로 보여 거부감을 샀다. 하지만 수년에 걸쳐 구단 발전 계획을 하나하나 공개하고 이행하면서 서포터들의 마음을 열었다. 보통 돈 많은 아랍 구단주들은 당장 성적을 내지 못하는 감독을 쫓아 내보냈는데, 만수르는 기대에 못 미치는 성적에도 믿고 수년을 기다렸단다. 낙타가 터벅터벅 걸어가듯, 그는 일에 있어 느긋하다. 물려받은 부를 마구잡이로 쓰지 않는 만수르. 등짝에 불룩 튀어나온 혹에 지방을 저장하고 다니는 낙타와 어딘가 닮았다. 성공한 부자는 많지만 존경받는 부자가 드문 세상이라 그의 이름이 자주 회자되는 건 아닐까?

몸에 지니고 태어난 부동산

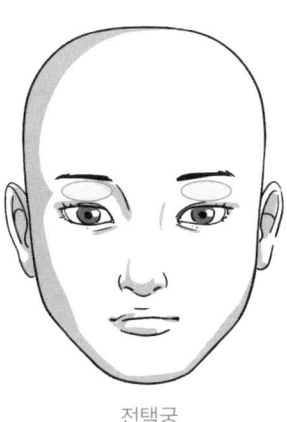

전택궁

7년 전에 찾아온 L은 30대 가장이었다. 아내, 두 아이와 함께 열두 평 남짓한 연립주택에 살았다. 주방 겸 거실에 방 두 칸이 딸린 집에서 네 식구가 복작복작 지내는 모습이 머릿속에 그려졌다. 자녀가 자랄수록 L의 근심도 덩달아 자랐다. 아이들의 몸집이 커지고 자아가 뚜렷해지면서 각 방을 주고 싶었지만, 그럴 형편은 안 되다 보니 부대끼는 일이 많아졌다. L은 의류 사업이 부도난 후 택배 일을 시작했고, 아내는 동네 마트에서 수납원으로 근무했다.

관상으로 그의 재물 운을 살피기 시작했다. 눈썹, 코, 입과 치아, 특별히 흠잡을 데 없이 옥처럼 매끈한 얼굴인데 전택궁에 낀 미세한 티가 눈에 들어왔다. 전택은 한자어로 '밭 전' '집 택'이며 부동산에 대한 운세를 판단하는 부위이다. 집과 땅, 건물이나 부모의 유산에 관한 운을 나타낸다. 위치는 눈과 눈썹 사이, 흔히 말하는 눈두덩이 부위다. 수려한 전택궁은 넓고 비옥한 토지에 비유할 수 있다. 눈과 눈썹 사이의 폭이 넓고, 지방이 어느 정도 있어 살집에 윤기가 돌고 상처나 점, 주름이 없고, 피부색까지 맑으면 금상첨화다.

L의 전택궁은 입이 벌어질 정도로 빼어났다. 평야처럼 넓고 두툼한 데다가 매끈하기까지 했다. 옥에 티라면 눈썹의 잔털이었다. 공터의 잡초처럼 수두룩하게 돋은 털이 무방비의 전택궁을 덮고 있었다. 첫인상이 답답해 보일 정도였다.

"전택궁만 관리된다면 부동산 운이 상당히 좋겠어요."

"관리요?"

그의 눈과 입이 동그래졌다. '건물관리, 물건관리도 아니고 눈두덩이에 관리는 무슨 관리란 말인가?' 싶었나 보다.

"전택궁을 손질해 주세요. 잔털을 족집게로 뽑거나, 제모용 칼로 밀어서 매끈하게 하는 거죠."

한 달에 한두 번씩 전택궁 손질하기. 손만 까딱하면 되니 '매일 걷기'보다 쉬운 운세 관리가 아닌가. 물론 한두 달 만에 효과가 "짠" 하고 나타나는 건 아니다. 그래서 전택궁을 꾸준히 손질하면서 부동산 공부를 하라고 권했다. 몇 년 뒤 적절한 운이 찾아왔을 때, 그는 작은 오피스텔이나 집과 땅을 차차 매입하면서 부동산을 넓혀갔다. 지금 L은 몸이 부대끼는 전셋집을 벗어나, 널찍한 자가는 물론 건물과 땅까지 소유한 자산가가 되었다.

　전택궁은 부모의 유산을 보는 자리이기도 하다. 사기를 당해 재산을 날린 A는 전전긍긍하다가 나를 찾아왔다. 이마와 전택궁이 매끈하고 볼록해서 부모 덕을 볼 관상이었다. 부모에게 도움을 구할 수 없겠는지 묻자, 하루 벌어 하루 먹고 사는 형편이라고 했다. 고개를 갸웃했다. 사주나 관상으로는 궁핍하게 살 얼굴이 아닌데 의아했다. 나중에 알게 된 건 그에게 생부가 따로 있었다는 사실이다. 무슨 사연인지는 몰라도, A는 갓난아기 시절부터 어머니와 의붓아버지 밑에서 자랐던 거다. 병약한 생부가 죽기 전 A 앞으로 유산을 남겨 두어, 그는 빚더미에서 벗어날 수 있었다.

　TV 프로그램에서 '돈 버는 전택궁'이라는 주제로 연예인 패널들의 관상을 보고 순위를 매긴 적이 있다. 한 중년 남성배우의 전택궁은 살집이 있고 윤기가 돌았지만, 눈과 눈썹의 간격이 골목처럼 좁았다. 돈을 작고 가늘게, 길게 벌어야 하는 그의 사주가 보였다. 횡재수가 없으니 금전을 걸고 게임이나 내기를 하더라도 쉽게 잃을 상이라는 말에 그는 웃으며 고개를 끄덕였다. 그를 무대 가운데에 앉히고, 관상의 단점을 보완할 방법을 강구하기로 했다. 눈썹 또한 재물 운과 연관되는데, 적당한 두께를 유지하면서 끝이 선명하게 뻗은 눈썹이 재물을 부른다. 그의 눈썹은 스케치를 하다만 그림 같았다. 일단 흐리고 숱이 없으면서 뚜렷한 윤곽 없이 처지다가 끊기는 모양새였다. '아, 흩어지고 떨어지는 재물이여! 인복이여!' 주변에 먼저 베풀어야만 자신에게 겨우 돌아오는 형국이었다.

　"눈썹을 지금 굵기보다 살짝 두껍고 또렷하게, 꼬리 부분이 완만하게 살짝만 내려오도록 그려주세요."

40대의 여성 탤런트는 맑고 순한 눈에서 착하고 어진 성품이 느껴졌다. 눈과 눈썹의 간격은 넓어서 좋지만 나이가 들면서 눈두덩이가 미세하게 꺼져 가는 것이 보였다. 꺼져 간다는 건 새어 나간다는 의미다.

"통이 커서 베풀기를 좋아하는데, 현금 관리가 잘 안 됩니다."

동료 연기자가 '보기 드문 천사'라고 그녀를 칭하자, 그녀는 머리를 긁적이며 실은 지인에게 보증을 서 주다가 호되게 당한 적이 있다고 털어놨다. 나는 그녀에게 재산 증식보다 유지 차원에서 적금을 들거나 작은 집을 구매해서 현금 유동을 막으라고 조언했다.

아이돌 가수 출신의 사회자는 최근 안검하수 수술로 전택궁의 탄력이 예전 같지 않았다. 안 그래도 금전 문제가 생겨 집과 차를 팔았다며 뒤늦게 수술을 후회했다.

10명의 패널 가운데 전택궁이 가장 안 좋은 건 30대 남성 방송인이었다. 꺼져 있고 빛깔이 탁했으며 치명적인 상처 자국이 눈에 띄었다. 테가 굵은 안경을 착용하니 상처가 가려졌고, 인상도 또렷해져 한결 돋보였다. 단점은 보완하고, 장점은 시원하게 드러내면 운이 나아진다. 부동산 매물을 보러 다니기 전에 거울 앞에 서서 전택궁부터 잘 들여다보자. 두둑한가, 쑥 들어갔나, 매끈한가, 까칠한가? 야들야들한 눈두덩이 살은 몸에 지니고 태어난 부동산이니 비옥하게 가꾸자.

얼굴에 적힌 투자 고수의 비법

드넓은 세트장 한복판. 널찍한 도넛 모양의 탁자에 주식 매니저, 투자 자문사 대표, 트레이더 그리고 관상가가 둘러앉았다. 투자 고수들의 성공 요인을 분석하는 시사 프로그램 촬영 중이었다. 고수들은 위험 부담이 큰 선물 시장에서 유일무이한 전설이라 불리는 삼인방이었다. 총알 없는 전쟁터인 주식시장에서 어떻게 그들은 업계의 고수가 된 걸까? 투자 분석가들이 모인 자리에 관상가인 나는 뜬금없이 왜 출연했을까? 남다른 투자원칙도 원칙이지만, '모' 아니면 '도'인 주식시장에서 원금의 100배가 넘는 수익은 큰 운이 따라야 가능한 일이다. 그들의 관상에 재물 운이 있는지 궁금해서 나를 초대한 것이었다. 거대 세계 경제를 살피는 투자 분석가와 눈, 코, 입을 살피는 관상가와의 만남은 외계인과 지구인의 만남처럼 흥미로웠다.

얼굴 1

첫 번째 고수는 '미꾸라지'란 별칭으로 통했다. 파도치듯 출렁거리

는 선물 시장에서 위험성을 요리조리 잘 빠져나가 8,000만 원을 300억 원으로 크게 불렸다. 투자 전문가는 그가 손절매loss cut에 탁월하다고 평했다. 가격 상승을 예견해서 매입했지만, 하락이 예상될 때는 즉시 팔아서 손실을 최소화했다고 한다.

"관상가님, 이분에게 어느 정도의 재물 운이 따르는 건가요?"

사회자가 내 쪽으로 고개를 돌렸다. 세트장 한쪽 스크린에 고수의 얼굴 사진이 띄워졌다. 손에 지시봉을 쥔 채로 그의 얼굴을 살펴보는데, 무엇보다도 귀와 팔자 주름이 눈에 들어왔다.

"귀가 눈높이보다 좀 낮아요. 이분은 논리적이고 분석적인 성향을 많이 가지고 있다고 볼 수 있습니다."

고수는 시장에 뛰어들기 전, 시장의 속성이나 변화 추이를 장기간 공부해 온 유형이었다. 한 마디로 남다른 노력이 빛을 발한 자수성가형 고수였다. 투자가로서 그가 지닌 투철한 의지는 팔자 주름에도 짙은 복선처럼 깔렸다. 펜으로 그은 듯 뚜렷한 팔자 주름에서 투자할 때 속속들이 정확한 판단을 내리려는 그의 철두철미함이 내비쳤다.

그의 관상을 고루 살피던 나는 눈썹에 시선을 멈췄다. 눈썹 중간이 적당한 두께를 지니고 있었고 선명했다. 자아 성취를 위해 힘쓰고 있다는 의미였다. 반면, 눈썹꼬리는 짧고 뿔뿔이 흩어졌다. 투자가로서 추진력과 분석력은 있지만 일의 마무리나 성과가 부족할 것이었다.

"코는 어떻습니까? 보통 재물을 말할 때 코를 많이 봐주시는 것 같더라고요."

사회자의 언급에 코를 살펴보니 콧대가 반듯하고 굴곡이 없어 재운이 잘 드나드는 상이었다. 그런데 금고라 일컫는 준두(코끝)에 살집이 많이 붙질 않았다.

"준두가 두툼하고 뭉툭해야 재운이 좋다고 할 수 있는데, 이 고수는 그렇지는 않습니다. 아무리 많은 재물이 들어와도 지키기가 힘들 수 있으니 유의하셔야 해요."

얼굴 2

두 번째 고수는 해외 유학파, MBA 출신자들이 수두룩한 증권업계에서 살아남은, 고졸 증권인의 신화였다. 주식시장의 급락을 뛰어넘는 초월성을 (경제, 경영학을 공부하지 않은 사람이) 드러냈으니 신화적 인물이 맞기는 맞다.

얼굴의 삼정이 고루 균등하고, 코끝이 살집을 뭉쳐놓은 것처럼 뭉툭했다. 가장 두드러진 부위는 턱과 귀로 국수 그릇처럼 얼굴을 둥글게 받쳐주는 두툼한 하관에 인복이 가득해, 부하나 주변인들로부터 도움을 많이 받는 상이었다. 얼굴 못지않게 귀에도 살집이 붙어 부처님 귀처럼 크고 귓불이 두툼했다. 노력의 대가 외에도 귀한 인연으로 부를 누리고 살 얼굴이었다. 안경 너머로 보이는 눈매는 점입가경이었다. 진흙 속에 파묻힌 흑진주처럼 선명하고 또렷하게 빛났다. 인생의 초점이 분명하게 잡힌 이에게서 느껴지는 강한 기운이 엿보였다. 목적의식이 또렷해 한번 마음먹으면 못해낼 것이 없는 야심가의 기질을 지녔다.

얼굴 3

세 번째 고수는 본래 트레이더로 활동한 이였다. 퇴직금과 자산을 합쳐 10억 원을 선물에 투자했는데, 일주일 만에 투자금의 절반을 날렸다. 얼마나 참담했을까? 그런데 투자 노선을 바꾸면서 회복이 일어났다. 예전에는 반동성을 놓고 베팅했지만, 전략을 바꿔 꾸준히 수익을 올리는 매매 전략을 연구하면서 실패를 만회했다. 밤늦게까지 거시경제 지표를 확인하고 새벽에는 미국 증권시장을 확인하면서 얻은 비법이었다.

"아, 눈썹이 매우 좋습니다. 진한 눈썹이 끝까지 이어지니 노력의 결실로 재물 운이 따르고, 형제 운도 좋다고 봐야겠죠. 게다가 이마와 눈썹 주변, 눈 밑의 두둑한 애교살인 와잠에서 빛이 납니다. 귀인의 도움으로 큰 재물을 얻는 상이죠."

가장 도드라지는 건 깨끗한 피부에서 느껴지는 윤택함이었다. 피부 안에서부터 뿜어져 나오는 광채랄까. 관상에서 피부는 농사지을 땅과 같다. 기름진 땅이 있어야 풍년을 맞이하듯 관상에서는 피부가 운명의 밑거름이다. 깨끗하고 밝은 피부 위에 얹어지는 눈, 코, 입은 길운을 어느 정도 지닌다. 그의 비옥한 얼굴 가운데, 무엇보다도 이마가 지구본을 떠올리게 할 만큼 반질반질했다.

"이마가 매우 넓어요. 학식이 높고 두뇌 회전이 빠른 유형입니다."

밤을 지새운 투자 공부가 빛을 발할 수 있던 이유가 그의 이마에 있었다. 머릿속이 기계 모터처럼 활발하게 돌아가면서 비상한 두뇌로 주식시장을 빠르게 간파했을 터였다.

첫 번째 고수를 통해 알 수 있듯이 몇백 억, 몇천 억의 자산가라 해서 모든 관상의 부위가 빼어난 것은 아니다. 얼굴에는 운이 좋은 부위와 그렇지 못한 부위가 골고루 섞여 있다. 달리 말하면, 누구나 어느 정도의 복을 타고난다는 의미이다. 그 운을 잡느냐, 놓치느냐는 본인의 손과 발에 달려 있다. 고수들의 한 가지 공통점은 분명하다. 자기 분야에 뿌리내리기 위한 혹독한 노력의 계절을 거친 뒤에야 운이 비로소 움텄다는 사실이다.

페이스 스토리 3
코, 현금이 드나드는 통로

 엉뚱한 상상을 한 적이 있다. 만약 코가 없다면 인간의 얼굴은 얼마나 밋밋하고 지루해 보였을까? 코가 경사면을 이루기에 얼굴은 입체로 솟아오른다. 초등학교 시절, 내 엄지와 검지는 코를 세우는 집게였다. 높은 코를 만들고 싶어서 찰흙 인형의 코를 만들 듯이 콧대 양옆을 손가락으로 꽉 집어 위로 당기곤 했다. 우뚝 솟은 코를 가진 사람은 뭐랄까, 인상이 또렷해 자신감이 있어 보였다. 얼굴의 옆선도 로댕의 조각 작품처럼 근사했다.

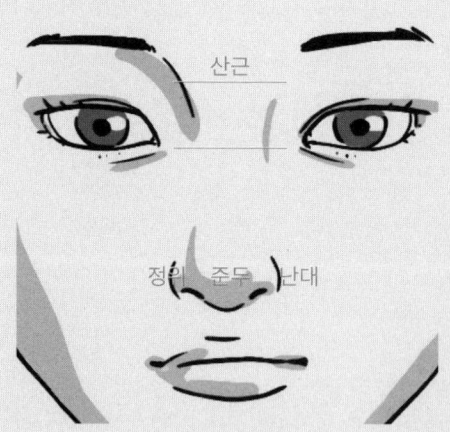

새 학년을 맞이하면 은연중에 두리번거리며 학우들의 인상을 읽었다. '누구랑 도시락 같이 먹지?' 콧대가 뾰족하고 인상이 날카로운 아이는 새침하고 도도할 것 같아 일단 순위에서 제외했다. 왠지 서글서글해 보이는 친구에게 말을 걸었다. 대체로 잘 웃거나 코가 둥글둥글한 생김새를 지녔었다. 관상의 '관' 자는 몰라도 인상에서 그의 성격을 어느 정도 읽을 수 있었다. 그중 코는 얼굴의 복판에 산처럼 솟아 있어 눈에 잘 띈다. 피노키오가 거짓말을 하면 귀도 턱도 손도 아닌 코가 길어지듯이 코는 사람의 성향을 적나라하게 드러낸다.

관상에서 코는 22세에서 55세까지의 중년 운을 보는 자리다. '귀 잘생긴 거지는 있어도 코 잘생긴 거지는 없다'라는 속담에서 알 수 있듯, 코는 운의 중추 역할을 한다. 코에서 한 인생이 지닌 운의 크기나 가능성을 가늠할 수 있다.

코는 밋밋한 얼굴을 기둥처럼 세우듯, 자신의 존재를 드러내는 주체성의 부위다. 달리 말하면 자기표현의 수단이다. 우쭐한 태도를 일컬어 '콧대가 하늘을 찌른다'라고 표현한다. 아니꼬운 말을 들은 체 만 체할 때는 콧방귀를 '흥' 뀐다. 못마땅하다는 무언의 표시다.

소가 밭을 갈듯 우직하게 일하다 보면 흙 알갱이 같은 돈일지라도 쌓이긴 쌓인다지만, 통장 잔액을 확인할 때면 떨어지는 낙숫물을 보는 기분이 든다. 물가는 날뛰고 이율은 낮아지는데 어느 세월에 돈이 모일까 싶다. 횡재수라도 있나 싶어 동네 복권 가게에 들어가 로또 몇 장을 사두었다. 혹시나 했는데 역시나 꽝이다. 뛰는 가슴 붙잡고 당첨 번호를 보는 것보다 더 나은 방법이 있다. 거울 앞에 가까이 붙어 서서 얼굴에 떡하니 붙어 있는 금고, 코를 보면 알 수 있다.

평생 얼마나 많은 재물을 가질 수 있을까?

돈이 잘 들어오나? 아니면 술술 새어 나가나?

뜻밖의 재물을 얻기도 할까?

코는 재백궁이라 부른다. 재물 재財, 비단 백帛 자다. 재백궁은 현금과 재물 같은 동산動産을 보는 자리다.

어떤 코가 금전 운, 횡재 운을 의미할까?

콧날이 곧고 힘 있게 뻗어 내리면서 콧방울이 꽉 차 있는 코를 가진 이는 금전 운과 횡재 운이 좋다. 칼처럼 날카로운 콧대 위에서 운은 쪼르르 미끄러져 떨어지고 만다. 적당한 살집으로 두툼한 콧대에 운이 모인다. 옆에서 볼 때는 울퉁불퉁하거나 구부러지지 않고 직선으로 뻗은 코가 재물을 부른다.

산근山根

조상의 기운을 받는 자리로, 산줄기가 뻗어나가듯 운이 시작되는 지점이다. 산근이 푹 꺼진 것은 좋지 않다. 솟아 있되, 인당(눈썹과 눈썹 사이)보다 살짝 낮아야 적당하다. 산근에서 콧방울까지 이어지는 콧대에서 중년의 운을 본다. 콧대가 휘거나 비틀어지면 인생에 기복이 심하다.

준두準頭

재물 창고로 산근에서 시작된 기운이 뻗어 내려와 뭉치는 부분이며 코의 핵심이다. 준두가 크고 둥글둥글한 사람은 기운이 넘치며 사교성이 뛰어나다. 사람이 많이 따르므로 금전도 덩달아 모여든다. 재백궁에 속하는 준두가 풍성해야 재물 복이 많다. 준두에 살이 없고 뾰족한 사람은 간사하다.

정위庭尉, 난대蘭臺

왼쪽 콧방울을 정위라 하고 오른쪽을 난대라 한다. 양 콧방울이 크고 두둑해 준두를 두툼하게 받쳐주어야 좋다. 재산을 쌓아두고 있는 준두를 지킨다는 의미에서 정위를 창고 열쇠, 준두를 금고 열쇠라 칭한다.

준두와 정위, 난대, 콧구멍을 통틀어 재백궁이라 하며, 금전 운만 아니라 의지력과 추진력, 사업적인 성장 가능성을 암시한다.

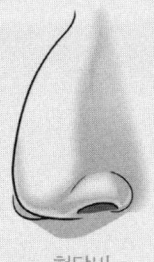

현담비

금전 운이 따르는 코는 현담비懸膽鼻로 쓸개를 매달아 놓은 모양이다. 코 위쪽은 약간 가늘고 아래로 내려올수록 풍만한 살집이 뭉뚝하게 받쳐준다. 금전을 잔뜩 담은 주머니 형태다. 관상에서 귀한 코에 속하며, 재물을 모으고 지키는 힘이 매우 강하다. 두툼한 현담비를 지닌 이는 떨어지는 낙엽에 코를 훌쩍이며 사색에 젖지 않는다. 감성보다는 이성적 판단을 잘하기에 금전 관리에 능해서 재산을 잘 모은다.

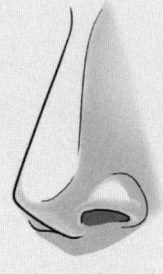

절통비

절통비截筒鼻는 코가 크면서 대나무를 쪼개 엎어놓은 듯한 코 모양을 말한다. 곧은 대나무처럼 기와 운이 강렬해서 부귀를 갖추게 된다.

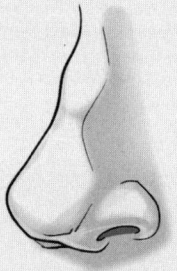

편요비

편요비偏凹鼻는 콧대가 좌우로 굽고 가운데가 오목하게 들어간 코로 인생 기복이 심하다. 심성이 올곧지 못해 마흔 전후로 재산상 큰 손해를 보거나 부부관계가 극도로 나빠지는 고비를 겪는다. 선천적으로 휘어진 코는 물론, 사고로 삐뚤어진 코도 운에 좋지 않다.

코는 재물의 상태에 따라 색이 변하는 카멜레온과 같다. 거울을 통해 코를 자주 살펴보자. 코의 빛깔과 광택의 변화에 따라 금전 운과 횡재 운을 예측할 수 있다. 금전 운이 높아지면, 준두에 미색美色이 돌고, 콧구멍 입구가 기름을 바른 것처럼 번지르르하다. 뜻하지 않은 큰돈을 만지게 될 수도 있다. 평소와 달리 코 전부가 연홍빛으로 맑게 나타나면, 사업이 번창한다는 징조이다. 반면 준두 밑이 붉은색을 띠면 금전이 부족하게 된다. 돈의 씨가 마르거나 돈이 자꾸 나갈 일만 생긴다.

콧구멍이 재운과 어떤 관련이 있을까?

코는 재물을 모으고 보관하는 곳으로 콧구멍이 작으면 금고가 작다는 의미이다. 콧구멍은 크면서 보이지 않아야 좋다. 콧구멍이 매우 넓은 사람은 돈이 자주 들락날락하므로 재물 변동이 심하다. 금전이 잘 들어오기도 하지만, 그만큼 숭숭 써버리기도 쉽다. '인생 별거 있나. 일단 쓰고 보자.' 하는 심보로 살면 사치나 낭비벽이 심해져 큰 재물을 모으기가 힘들다. 성실하게 일하기보다 기회를 틈타 큰 이익을 보려는 성향이 강하며, 실패하면 손해가 어마어마하다.

콧구멍이 큰 사람에게는 리더의 기질이 강하다. 코를 벌름거리며 돌진하는 황소처럼 의욕이 넘쳐 일을 잘 추진한다. 반면 뜬구름에 사로잡혀 작은 일은 무시하는 경향이 강하다. 끈기가 부족하거나 투기심이 강하다면, 허황한 포부를 내려놓고 자신이 지닌 그릇의 크기를 줄일 필요가 있다.

들창코의 경우 본인의 의지와는 상관없이 자꾸 돈이 샌다. 콧구멍이 들려서 훤히 내다보이면, 돈 줄기가 폭포수처럼 흘러나와 금전을 모을 수 없다. (심한 들창코의 경우 코 성형을 고려해 볼 필요가 있다.)

콧구멍이 작은 사람은 금고가 작다는 의미로 특히나 콧구멍이 좁으면 주변에 인색해 자린고비 소리를 듣고, 큰일을 도모할 수 없다. 그릇이 작고 돈을 모을 줄만 알지, 지출하거나 기분 좋게 쓸 줄 모른다. 아낄 때는 아끼더라도, 남에게 베풀 때는 크게 베풀어야 운이 좋아지므로, 자신의 그릇을 좀 더 키울 필요가 있다. 콧대는 높지만, 살이 없어 날카로운 인상을 주는 코는 재물 복이 없다. 이런 유형은 수입이 일정하지 않고 금전 관리를 전혀 못 하므로 부모님, 배우자에게 돈 관리를 맡기는 것이 바람직하다.

페이스 스토리 4
재물의 얼굴

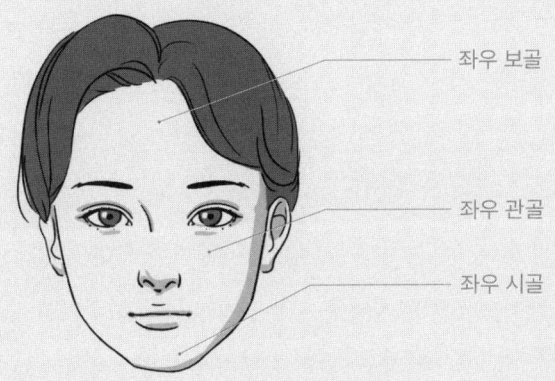

- 좌우 보골
- 좌우 관골
- 좌우 시골

재물 운을 가늠할 때 코가 핵심이긴 하지만 금고만 바라보듯 코만 뚫어지게 쳐다보지는 않는다. 그보다는 재산 운을 형성하는 여러 갈래의 광맥을 살펴야 한다. 조상이나 부모에게 유산을 물려받은 김유복 씨가 있는가 하면, 직장에서 평판이 좋고 능력을 인정받아 재산을 일군 김 상무도 있다. 고만고만한 월급으로 그럭저럭 살다 은퇴 후, 주식 공부를 꾸준히 해 말년이 편한 김 노인도 있다.

사람의 재물 운을 볼 때는 재백궁 외에도 육부六部, 얼굴의 외곽을 둘러싼 여섯 개의 성벽을 살핀다. 이 성벽이 드넓은지, 견고한지, 적당한

높이인지 살피면서 타고난 인복과 대인관계를 본다. '이 사람의 부모
운은 어떻지?' '직장에서 대인관계는 원만하고 신망을 얻을까?' '말년
에는 부와 명예를 이루며 살 수 있을까?' 얼굴의 골격인 육부를 살피면
운을 담을 그릇의 크기를 알 수 있다.

좌우 보골 輔骨

관상에서는 이마를 보골輔骨이라 칭한다. '보'는 도움과 보좌를 뜻한
다. 나를 돕고 뒷받침하는 사람으로 부모와의 관계를 보는 자리가 보골
이다. 이마를 만져보면 중앙을 기준으로 좌우로 약간 둥그스름하게 골
격이 올라와 있다. 이 부위가 윤택하고 도톰하게 솟아 있으면 부모 운이
강하다. 금전적으로나 정서적으로 부모의 보살핌을 받으며 오순도순 지
낸다. 남자의 경우 왼쪽 보골의 솟은 부분을 '일각'이라 하며 아버지와
의 운을 보는 자리다. 오른쪽 보골은 '월각'으로 어머니와의 운을 알 수
있다. (여자는 이와 반대이다.)

눈썹 끝 위로 이마의 양쪽 가장자리를 천창(천이궁)이라 한다. 천창
은 '하늘의 창고'로 조상의 음덕으로 인한 재물이나 출세를 의미하며,
흉터 없이 살이 넉넉하면 선대의 유산이 많다. 천창이 잘 생겨 이마가
오뉴월 하늘처럼 둥글고 훤하다면, 이마를 드러내자. 보물 같은 하늘
창고를 검은 앞머리 커튼으로 가리는 건 굴러 들어온 복을 내치는 격
이다.

좌우 관골觀骨

관골은 얼굴 뺨을 튀어 나오게 만드는 뼈로, 얼굴의 윤곽이며 인생의 활동 지반을 결정한다. 관골이 솟은 사람은 사회 활동이 활발하고 생활력이 강하다. '잘 웃는 사람은 관골 주위 근육이 발달해 관골이 솟는다. 관골이 솟은 사람은 인복이 있다'라는 표현은 일리가 있다.

좌우 시골腮骨

시골의 '시'는 뺨을 의미한다. 뺨의 아랫부분인 턱에는 지고地庫, '땅의 창고'가 있다. 시골은 '지고'로도 불리며, 두 발로 땅을 걸으면서 일군 곳간으로 본인의 노력으로 쌓인 결과물을 의미한다.

좋은 배필을 만나 화목한 가정을 이루는가?
대인관계가 원만한가?
턱이 얼굴을 지탱하듯, 삶을 지탱하는 정신력을 지니고 있는가?

이 모두가 지고를 살피면 알 수 있다. 활시위를 당기듯 둥그런 턱은 드넓고 풍만한 지고로 말년에 곳간이 가득 차 풍요롭고 화목하다. 육부가 함몰된다는 건 삶이 꺼지는 일이다. 그렇다고 돌출되어 혼자 두드러지는 것도 관상에서는 좋지 않다. 육부의 살집이 두텁고, 깨끗하고 조화로우면 길상이다.

얼굴

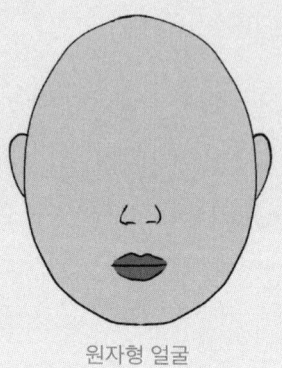

원자형 얼굴

좌우 보골과 관골을 거쳐 시골까지 인생의 축소판인 얼굴 성곽이 과하게 튀어 나오거나 함몰되는 부분 없이 조화롭게 이어지면 얼굴은 둥근 모양, 원자형圓字形을 이룬다. 뽀족한 모서리나 굴곡, 붕괴 없이 원만하고 견고하게 지어진 성곽으로, 그 안에서의 삶은 순탄하며 유복하다. 얼굴 모양이 둥글고, 눈, 코, 입이 다 둥글고, 귀도 둥글다면 금전 관리나 재물 운에 탁월하다. 평생 남의 것을 탐내는 법이 없고 내 것도 주는 법 없이 상당한 재산을 모은다.

입

입은 출납관出納官으로 재물이 드나드는 문이라 하였다. '말 한마디에 천 냥 빚을 갚는다'라는 속담이 있듯, 입 한번 벙긋함으로써 재물이 우르르 모이거나 반대로 빠져나갈 수도 있다. 부귀영화를 부르는 입은

어떤 모양일까?

반듯하고 두텁다. (곧은 심성)

선이 선명하고 붉다. (생기와 의지)

입술에 잔금이 있다. (활발한 사회 활동이 남긴 지문)

입꼬리가 살짝 올라간다. (운의 상승을 알리는 복선)

귀

귀는 얼굴 변방의 작은 성곽으로 자신의 능력보다 타고난 부모의 덕을 같이 보는 자리이다. 귀의 유형 중 토이土耳는 말 그대로 흙, 대지 형상의 귀를 말한다. 넓고 견고한 토지처럼 이륜(귓바퀴)이 크고 살집이 풍부해 단단하다. 이런 귀를 장수지상이라 하며 건강하고 풍족한 삶을 누리게 된다. 부모와 자식 덕도 좋아 평생 부귀를 누린다.

토이 귀

치아

중국 송나라 때 쓰인 관상의 고전, 《마의상법》에서는 치아 개수로 사람의 복록을 가늠했다. 치아가 서른여덟 개가 되는 사람은 왕후가 될 상이며, 스물여덟 개면 빈천하다 했다. 10년이면 강산도 변하는데, 1,000년이면 사람의 관상은 얼마나 변화했을까? 현대인의 치아 수가 스무 개에서 서른 개 미만임을 고려한다면, 《마의상법》의 내용을 불문율로 받아들일 수는 없고 현대인에게 맞게 해석해야 한다.

치아가 길고 곧으며 치아 수가 많아야 길상이다. 견고하고 틈새가 없어야 운이 새어 나가지 않는다. 치아 크기가 제각각이고 들쑥날쑥한 이를 난항치라 하는데, 말과 행동이 일치하지 않고 이기적이며, 부모 덕이 없는 흉격이다.

제5부
마음과 마음 사이에
길을 내다

영업의 열쇠, 얼굴에 있다

학교 졸업 후 은행에 출납계 직원으로 취직한 K가 찾아왔다. 일한 지 반년 가까이 되었다고 했다. 공산품 찍어내듯, 정답을 딱딱 산출하는 공식만 암기하다가 현장에서 각양각색의 사람을 상대하려니 쉽지 않은 모양이었다. 그도 그럴 것이 영업에 탁월한 관상은 아니었다. 볼에 살이 어느 정도 복스럽게 붙어야 둥그스름한 인상으로 고객에게 원만하게 다가갈 수 있는데, 그녀의 인상은 날카로운 편이었다. 이마가 좁으면서 턱이 가파르게 아래로 향하는 인상이었다. 푸근한 인상으로 상대의 마음부터 열고 그 다음 지갑을 열게 하는 게 영업 아닌가? 그런데 K는 표정이 살짝 굳어서 그런지 사교성이 부족해 보였다.

"일 재미있어요?"

내 물음에 그녀는 잠시 머뭇거리다 입을 열었다.

"적성에 맞지 않아서 힘들긴 하지만, 일하면서 많이 배우고 있어요. 어쨌든 금융권에서 계속 일할 계획이거든요."

'일하면서 배운다.' 맞는 얘기다. 휘몰아치는 세상 한복판에서 허우적거리며 살아남은 경험이야말로 그를 구하고 또 키운다. 보약처럼 쓰지만 건강한 배움이랄까.

"선생님, 저는 사람을 이해하고 싶어요. 관상 팁을 조금만 알려주시면 안 될까요?"

상담과 교육을 동시에 받으려 하다니. 고객이자 도제가 되려는 이런 옹골진 아가씨를 보았나.

"아니, 영업 교육받으려고 찾아온 거예요?"

되물으며 쏘아붙이자 그녀가 소리 없이 웃었다. 그녀는 천자문 같은 지식 대신 현장의 실체를 원했다. 마주 앉은 이의 생김새와 성향을 보고 그에 걸맞은 상품을 제시하고 싶어 했다. 그 용기가 가상해 몇 가지 조언을 했다.

"코는 현금이 흐르는 통로이고, 입은 재물을 쌓는 곳간이다. 내가 자주 하는 말이에요. 코와 입만 봐도 그 사람의 금전 그릇을 어느 정도 살필 수 있죠. 예를 들면, 풍만한 얼굴에 비해 코와 입이 작은 사람에게 공격적인 투자는 맞지 않아요."

작은 코, 작은 입은 현금이 흐르는 통로가 좁고 재물 곳간이 작다는 의미이다. 이런 얼굴을 가진 이는 안정성을 추구한다. 그러니 소액 투자나 장기간 꾸준한 수익을 보장하는 상품이 적합하다. 그녀는 코와 입이 자그마한 자신도 그렇다며 고개를 끄덕였다.

머리숱이 잡초처럼 무성하고 피부가 불에 그을린 듯 까무잡잡한 유형은 기질이 세고 과감한 편이라 공격적인 투자에 끌린다. '모' 아니면 '도'. 흑과 백이 분명한 상황에서 한 방의 베팅을 즐기는 호탕한 모험꾼에게 위험 부담이 크지만 수익률도 높은 상품을 소개하면, 솔깃해하며 한 번쯤 생각해 볼 것이다.

관상에서 살집은 복, 재물과 같다. 살집을 우둔하게 뭉쳐놓은 듯한 주먹코를 가진 사람은 물질에 대한 욕구가 크며, 실제로 금전 운이 따르는 유형이다. 저축해서 모으는 방식보다는 큰 투자나 주식으로 부를 축적하므로 수익률이 높은 상품을 권해볼 만하다. 두꺼운 입술을 가진 이도 마찬가지다. 현금 곳간이 크면서 과감한 성향을 지니고 있다.

주의가 필요한 유형이 있다면, 부리부리한 눈망울에 유한 미소를 가진 사람이다. 짙은 쌍꺼풀에 눈망울이 억실억실 크고 열기가 있는 사람은 이미 눈으로 두루두루 살펴 많은 정보를 담고 있다. 부드러운 미소를 띤 채, 자신의 지식을 드러내지 않을 뿐이다. 신입사원인 그녀가 관련 지식을 충분히 습득하지 못한 상황에서 상품을 제안했다가는 면박당할 가능성이 크므로 질문으로 다가가는 것이 좋다.

"원하는 상품이 있으신가요?"

시간을 갖고 기다리면, 그는 생각해둔 무언가를 콕 집어서 먼저 물어보거나 제시할 것이다.

"그런가요? 고객이 미소 짓고 웃으면, 마음이 열려 있다는 의미 아닌가요?"

K가 고개를 갸우뚱거리며 물었다.

"활짝 웃지만, 소리 없는 웃음은 방어벽이에요. 마음에 빗장을 거는 거죠."

목젖이 보이게 껄껄껄 웃는 얼굴에는 꾸밈이 없다. 좋아서 재밌어서 그냥 웃는 거다. 반면, 소리 없는 웃음은 만들어진다. 속내를 그대로 드러내지 않기 위한 방어벽이다. 조용한 미소를 지닌 고객과 유대 관계를 쌓으려면 시간이 걸린다. 6개월에서 1년 정도 공을 들이면 그는 마음을 연다. 한 번 신뢰가 생기면 단골이 될 가능성이 크다. 미용실 몇 번 가보고 마음에 들면 5년, 10년, 죽을 때까지 그곳에 머리하러 가는 거다.

그릇이 큰 데다가 마음도 넉넉한 고객이 있다면 얼마나 좋을까? 팔자 주름이 진한 사람은 상품 소개나 권유를 반기는 유형이다. 주름의 길이나 진한 정도로 그의 직업 운을 읽을 수 있는데, 진한 주름은 그가 해당 분야에서 왕성하게 뻗어나가고 있다는 의미다. 그는 현재 일이 술술 잘 풀리는 상태로 타인의 제안에 마음이 열려 있고 너그럽다. 추천 상품에 약간의 위험이나 손실이 발생해도 크게 신경 쓰지 않는다.

"앞으로는 영업 교육 자료보다 고객의 얼굴을 유심히 봐야겠네요."

그녀는 올라간 입꼬리 사이로 하얀 이빨을 드러내며 씨익 웃었다. 갈증에 시달리다 냉수라도 들이마신 듯 속이 시원해 보였다. 그런데 우리의 대화에는 고객의 성향을 파악하는 것보다 중요한 한 가지가 빠져 있었다.

"그게 뭔가요?"

"상대를 통해 무언가를 얻으려는 목적이 드러나면 부담스럽죠. 모든 만남이 그러하듯 고객도 마찬가지예요. 자연스러운 게 좋죠. 지갑을 열기 전 관계부터 여는 게 먼저지요."

낯선 이가 모기처럼 다짜고짜 달려들어 피 같은 돈을 뜯어내려 한다면 달아나고 싶어진다. 사람을 대할 때는 그에 대한 존중이 지식보다 늘 우선이다. 존중이란 어떤 모습일까?

입을 열기 전 귀부터 열기. 귀를 열면서 마음도 열기.

상품 판매보다도 그에게 피가 되고 살이 되는, 영양분 같은 정보 하나라도 주기.

요구 사항이나 불편함은 즉시 해결하기.

그녀와의 상담을 떠올리다 보니, 언젠가 노트에 기록해 둔 일본 작가 우치다 타츠루의 말이 떠올랐다. '인간은 자기가 손에 넣고 싶다고 바라는 것을 우선 다른 사람에게 증여함으로써 손에 넣을 수 있다.'

연애 운을 높이는 방법

"저, 실은 제가 연애를 한 번도 안 해봤거든요."

머뭇거리다가 고민을 꺼낸 A. 그녀를 만난 건 벚꽃이 흐드러진 사월이었다. 봄은 사랑이 찾아오기 좋은 계절이다. 두 시간가량 버스를 타고 나를 찾아왔다니, 연애가 간절하긴 간절했던 모양이다. 봄바람도 불었겠다, 큰맘 먹고 원피스도 입었겠다, 치마 끝이 바람에 나부낄 때마다 마음도 살랑살랑 움직이는 계절이 아닌가.

"누가 저 같은 사람을 좋아할까요?"

A는 붕어처럼 작은 입을 뻐끔거렸다. 얼굴을 살펴보니 애정 운에 어긋장처럼 놓인 팔자미(八字眉), 팔자 모양의 눈썹이 눈에 들어왔다. 눈썹 머리(미두)가 이마 쪽으로 올라가고 눈썹의 꼬리(미미)는 내려간 모양이다. 얼핏 보면 이마에 여덟 팔 자를 그린 것 같다. 아래로 심하게 처지는 팔자미는 연애 운과는 거리가 멀다. 타고난 솔로이거나 바람둥이로 한 사

신월미

람에게 정착하지 못한다.

눈썹을 잘 정돈하면 연애 운에도 도움이 되는데, 가장 운이 좋은 눈썹은 신월미新月眉다. 모양이 가지런하고 털이 부드럽게 이어져 초승달처럼 생긴 눈썹이다. 신월미는 곡선의 활동성과 우아함을 지녔고, 총명하고 수려하여 가장 좋은 상으로 꼽힌다. 사람을 마주할 때 가장 먼저 눈에 띄는 것이 눈이라고 한다. 눈썹은 눈의 지붕으로 눈썹 모양이 아름답게 뻗어 있어야, 눈의 매력도 배가되는 법이다.

사랑은 눈썹을 따라 조금씩 솟아오르다가 입술의 강을 건너 마음에 내려온다. 얼굴에서 연애 운을 가장 쉽게 돋울 수 있는 부분은 눈썹과 입이다. A의 얼굴은 이목구비가 오목조목 붙어 있어 귀염성 있는 생김새였다. 입술도 작고 얇았는데, A는 그래서 자신이 좀스러워 보인다고 푸념했다.

"좀생이 말인가요?"

나도 모르게 그만 실소를 터뜨렸고, 멋쩍어진 A는 얼굴이 붉어졌다.

"립스틱으로 조금만 보완해서 앵두 같은 입술, 앵도구櫻桃口로 가꾸어 봐요."

A의 눈빛이 반짝거렸다. 작고 둥근 앵두를 머릿속에 떠올리는 듯했다. 붉고 탱탱하며 윤기가 흐르는 앵두.

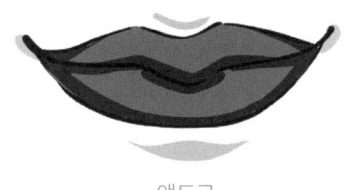

앵도구

"입술이 너무 얇으면 애정 운이 약해요. 지금보다 살짝 도톰하게 그리면서 선이 또렷하면 좋겠어요. 광택이 없는 것 말고 립글로스를 발라주고요."

눈썹과 입술만 바꿔줘도 인상의 변화는 커진다. '남'이라는 글자에 작은 획 하나를 떼어 '님'이 되는 것과 같다. 앵두 같은 입술은 생기가 넘치므로 적극적이고 긍정적인 정서를 돋운다.

A에게는 잠재된 연애 운의 신호가 있었는데, 눈 밑의 통통한 와잠(臥蠶)이었다. 와잠은 '누워 있는 누에'라는 뜻으로 눈 바로 밑의 도드라진 부분을 말한다. '눈 아래 와잠이 소복하면 능변가요 자식 복이 있다.'라는 말이 있다. 관상에서 와잠은 배우자 운과 자녀 운을 의미하며, 애교 살이라고도 한다. A처럼 와잠에 살이 있으면 귀여워 보인다.

몇 년 전 버라이어티쇼 진행자인 남자 아나운서는 눈 밑 지방 재배치 시술 후 여러 이성이 다가왔다고 밝혔다. 눈 밑에 퍼진 지방 그늘에 애교 살이 가려졌었는데, 시술 후 그의 와잠이 도드라진 것이다. 연애 운이 찾아와 기뻐하면서도 자칫 바람기로 이어질 수 있으니 조심해야겠다며 어깨를 으쓱거렸다. 나이가 들수록 야들야들한 와잠이 탄력을 잃어 꺼져 가는 건 어쩔 수 없지만, 팩이나 피부 관리 제품으로 꾸준히 관리해주면 연애 운에 도움이 된다. 눈 밑을 밝고 화사하게 화장해서 와잠을 돋보이게 하거나, 생기를 더하는 것도 좋은 방법이다.

"와잠이 매력적인 눈이에요. 그런데 눈에 그늘이 짙어서 와잠이 잘 드러나지 않네요. 뽀얗고 통통한 누에처럼 물이 올라야 하는데."

연애 운을 높이려면 자신을 가꾸고 귀하게 여기는 심성이 뒷받침되어야 하는데, A는 일종의 결핍을 지니고 있었다. 어린 시절 '못난이야',

'돼지야' 하는 친구들의 놀림이 A의 무의식에 각인된 데다가 부모가 그 상처를 악화시켰다.

"딱히 재능이 없고, 얼굴도 반반하지 않잖아. 공부나 열심히 해서 공무원, 선생님 하는 게 너한테는 최선이지. 그래야 결혼도 하고 밥 먹고 산다."

어머니의 훈계에는 그녀를 위하는 마음은 있었지만, 아끼고 존중하는 마음은 없었다. A는 자신을 부족한 존재로 깎아내리는 부모에게 짓눌려 살아왔다. '누가 저 같은 사람을 좋아할까요?'라고 했던 그녀의 말이 내 머릿속에 메아리처럼 한동안 맴돌아 한마디 건넸다.

"왜 타인이 내 삶을 좌지우지하도록 내버려 두나요? 그 친구들은 그때 내뱉은 말들을 기억도 하지 못할 겁니다. 어릴 때는 부모의 권위에 지배를 받지만, 이제는 벗어나야지요."

웅크린 어깨라든가, 미세하게 굽은 허리, 웬만하면 상대 말에 수긍해 자기 목소리를 내지 않는 성향에서 짓눌리고 살아온 기운이 느껴졌다. 그녀의 얼굴은 흉상이 아니라, 진흙 속에 가려진 진주였다. 이제는 흙탕물 속에 묻히지 않고 자신을 오롯이 지키고 드러내는 삶을 살아가길 바란다.

우리 궁합 어때요?

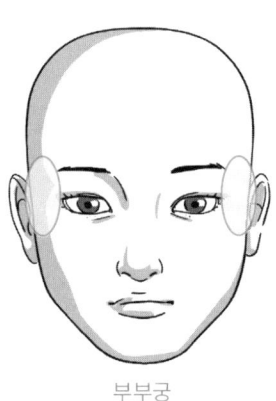

부부궁

    Z는 미인 대회 출신 방송인으로 재벌과 백년가약을 맺었다가 10개월 만에 결별했다. 새롭게 거물급 외국계 투자회사 대표와 아시아 대륙의 황홀한 야경을 넘나들며 만남을 이어갔지만 사랑에는 안착하지 못했다. 서로 붙어 있지 못해 애태우던 사이가 물어뜯지 못해 안달인 원수로 돌아선 거다. 사랑은 해체되고, 두 사람은 원고와 피고로 묶여버렸다. 사랑했던 사이가 앙숙이 되는 비극은 대체 어디에서 오는 걸까?
    한 연예 방송 프로그램에서 Z의 얼굴 사진을 보여주며 가정 운을 물었을 때, 앞날을 기대케 하는 답을 할 수 없었다.

"양쪽 이마 끝이 꺼지고 잔 머리로 덮여 있어서 가정 운이 없네요."

빙산의 일각처럼 겉으로 드러난 관상을 깊숙이 파고 들어가면 문제의 뿌리는 심성에 있었다. 진실은 당사자만이 알겠지만, 지인의 증언에 따르면 Z의 내부에는 질투와 집착이 들끓었다. 그가 다른 여자와 대화하거나 가족 여행을 하면서 즐겁게 지내는 걸 못 견뎌 했다고 한다. 체스 판에 말 배치하듯, 연인의 일거수일투족을 제 손에 쥐고 조정하려는 건 사랑이 아니다.

사랑은 '나'와 타자가 우연히 가까워지면서 서로에게 스며드는 것이 아닌가. 사랑하면 서로의 세계를 허물지는 않으나 '나'와 타자의 경계는 허물어진다. 서로의 일부가 되어 가면서 변화하는 과정 어딘가에 사랑이 있다. 누군가를 사랑할 수 없는 건 관상 탓이 아니라 한 사람의 세계를 온전히 흡수할 만큼 그의 내부가 넓지 못해서다.

"아빠, 좋은 남자를 만나려면 어떻게 해야 할까요?"

지인이 줄줄이 소개팅하는 20대 딸에게 받은 질문이란다. 무슨 답을 했을지 궁금했다.

"네가 다른 이에게 좋은 사람이 되어야지. 그래야 좋은 사람이 너에게 온단다."

연륜이 깃든 명언에 감탄했다. 그런 선한 마음과 노력이라면, 이심전심 사랑이 싹트고 결실이 좋을 수밖에. 그래서 상담실을 찾아온 연인에게 말했다. 관상으로 사랑의 결말을 단정하기보다는 좋은 상대가 되기 위한 자기 관찰의 계기로 삼아 달라고.

얼굴을 지붕처럼 지탱하는 이마는 한 사람을 지배하는 의식이다. 이마가 밝아야 신수와 인생이 훤해진다. 관상에서 여자의 이마는 남자의 출세와 연관된다. 여자의 이마가 둥글고 넓으면서 빛이 나면 남자를 출세시킨다. 이마가 탁하고 주름과 상처로 어지럽다면 부부간에 불협화음이 잦다.

관상에서 가정 운을 보는 부위는 눈꼬리로 관상에서는 부부궁 또는 어미간문漁尾奸門이라 한다. 어미는 물고기 꼬리다. 사람의 눈꼬리에는 두세 개의 금이 있는데, 물고기 꼬리처럼 생겨서 붙여진 이름이다. 어미간문은 눈꼬리와 그 부분의 살집까지 포함하며, 연애의 성사나 부부의 애정을 판단하는 곳이다. 어미 부위가 깨끗하고 살이 너그럽게 찐 사람은 좋은 배우자를 만나며 부부간에 뜻이 맞고 정답다.

"어미 부분에 점과 상처가 있네요. 화장으로 가리기 번거로우면 점을 빼는 것도 고려해 보세요."

연애나 결혼이 잘 성사되지 않아 속 끓이는 이에게 말했다. 어미간문에 주름이 복잡하면 연애 통신에 혼선이 생기기 십상으로 의도치 않게 양다리를 걸치거나 이성의 유혹에 많이 노출된다.

"어미간문에 주름 개선 크림이라도 바르면 좀 나으려나요?"

수줍은 질문에 나는 늘 당장 바르라고 응답했다. 운은 비옥한 피부에서 발아하므로.

상담하다 보면 '어째 냉기가 흐른다.' 싶을 때가 있다. 고래고래 언성을 높여 싸우는 건 아닌데, 티격태격 맞부딪치는 부부나 연인에게서는 눈빛에서부터 불화 티가 난다. 정신 상태를 반영하는 눈이 누런빛을 띠거나 충혈되어 있다. 관계에서 오는 화나 피로, 앙금과 속앓이가 눈알에 누르스름하고 벌겋게 낀 상태다. 이런 눈은 관계의 적신호다. 상대에게 호탕한 태도로 솔직해지려고 노력할 필요가 있다.

거친 말투, 폭력적인 태도를 지닌 배우자는 삼백안, 사백안의 눈을 지닌 경우가 많다. 검은 눈동자 주변에 흰자위가 서너 개의 면에 나타나는 눈은 언제 달아오를지 모를 불씨로 위태위태하다. 화가 많고 분노 조절이 어려워서 본인도 모르게 거칠게 쏘아대는 말로 배우자를 지치고 공포에 떨게 만든다. 풀꽃 대하듯 조심스럽게, 나뭇가지에 새가 내려앉듯 부드럽게 상대를 대해야 가정이 초원처럼 평온하다.

눈썹과 눈썹 사이, 인당은 손가락 두 마디 정도 들어가는 너비가 이상적이다. 서너 마디는 너끈히 들어갈 정도로 인당이 넓다면 그 사이로 묘한 바람이 분다. 고분고분한 말투라든가 바람기로 배우자가 마음고생을 한다. 도리에서 벗어난 불륜까지는 아니니 걱정할 필요는 없다. 다만 인당이 넓다면 오해 방지 차원에서 가정의 평화를 위해 연필로 눈썹의 앞부분을 채워주는 것이 좋다. 인당은 운이 통하는 통로이며 재물운과도 관련이 있다. 하늘과 부모, 조상으로부터 받은 덕이 인당을 거쳐 콧대로 깊게 흘러 들어와야 하는데, 인당이 꺼지면 그렇지 못해 재물을 모으기가 어려워 가정의 경제 상황도 힘들어진다.

부부 금슬을 볼 때면 입술을 강조하는 편이다. 배우자의 입술이 얇다면, 특히 윗입술이 얇다면 감정 표현에 인색하고 다소 냉정할 수 있다. 더 활동적인 쪽이 상대의 무뚝뚝한 성질을 이해하고 먼저 애교스럽게 다가가는 게 좋다. 상담하다 보면 남녀 모두 윗입술이 얇은 경우를 본다. 조용하다 못해 입에 거미줄이 생길 지경이다. 입은 재물을 쌓는 곳간이 아닌가. 양쪽 모두 입술이 얇다면 집안에 재물이 쌓이지 않고 돈이 밖으로 새고 만다. 여자는 화장으로 입술을 보완할 수 있으니 입술을 실제보다 크게 그리면 운이 나아진다.

턱은 말년에 자녀 복을 보는 자리이자 개인의 성향을 드러낸다. 패션모델처럼 날카로운 턱선은 세련된 매력을 더할 수는 있겠으나 좋은 관상은 아니다. 끝이 뾰족하고 날이 선 턱은 예민하고 신경질적인 성향이 있다. 턱이 풍후한 배우자가 상대를 감싸 안아주면 관계가 원만해지니, 턱살을 적당히 찌우거나 마사지를 통해 턱을 보완하는 방법을 고려해 볼 만하다.

누군가를 이해하고 그의 세계를 흡수하다 보면 나의 지경은 변화된다. 한 사람을 품을 만큼 넓어지고 원만해진다. 사랑은 자신에게, 그리고 상대에게 좋은 사람이 되어 가는 과정이 아닐까? 나의 모난 부분을 다듬고, 상대의 불완전한 부분을 포용하는 과정에서 삶은 둥그스름한 열매가 되어 간다. 사랑은 너와 내가 가꾼 과실, 그 맛을 오래 음미하는 삶이야말로 풍년이 아닌가 싶다.

속궁합을 보는 이유

물은 불을 끄고 금은 나무를 동강 낸다. 어우러져 아름다운 관계가 있는가 하면, 멀어지는 게 최선인 사이도 있다.

"제 양심상 날짜를 잡아줄 수가 없네요. 그냥 돌아가세요."

택길하여 혼사를 치르고자 했던 남녀를 돌려보내야 했다. 다른 방도가 없었다. 관상을 보완하거나 이름을 바꾼다 해서 풀릴 게 아니었다. 아무리 순하게 길들인다 해도 고양이는 쥐를 보면 물어뜯지 않는가. 만나선 안 될 사람도 있는 법이다. 내가 손사래를 치는 까닭을 두 사람은 당최 이해하지 못했다. 화창한 날 '지금 벼락 떨어져요!' 하는 소리처럼 들렸을 거다.

"저희 궁합이 그리 안 좋은가요? 제 주변에도 안 좋은 사람 많은데, 이혼 안 하고 잘 살아요!"

"안 된다고요!"

언성이 커지고 혈압이 높아지자 두 사람은 붉으락푸르락 달아오른 얼굴로 나가버렸다.

헤어지길 바랐다. 사랑은 떼어놓으려 할수록 로미오와 줄리엣처럼 더 열렬해진다더니 두 사람이 더 끈끈해졌으면 어떡하나. 몇 년간 사귀었다면서 이 정도 상극이라면 한쪽이 눌리거나 참아왔을 텐데, 가까스로 관계가 유지되었을 텐데…. 자기 체념과 희생으로 유지하는 사랑은 숭고하지 않다. 그건 자기 학대다. 남들 다 한다고 무작정 결혼해서 삶의 구색을 갖추는 것도 바람직하지 않다. 온몸을 달군 사랑의 열기가 사그라진 뒤, '이 정도 살면 됐지' 하면서 김이 빠진 행복 속에 불행을 감추고 사는 이들을 종종 만난다. 그래서 궁합을 보는 거다. 본래 자아를 훼손하지 않고 드러내면서 금슬처럼 조화롭기 위해. 거문고는 거문고대로 비파는 비파대로 본연의 소리를 내면서도, 음의 빛깔이 서로 어우러지듯 인생이 하모니를 이루도록.

궁합은 과일처럼 겉과 속이 다르다. 겉궁합은 신랑, 신부 생년월일의 십이지에 맞춰 부부 사이가 좋고 나쁨을 본다. 부부 사이의 겉모습을 보는 것으로 과일로 치자면 껍질을 살피는 거다. 사과껍질의 붉기와 윤기, 단단함, 향기로 사과의 숙성 정도를 파악하는 것과 같다. 오감으로 입증된 정보다.

"우린 남녀가 바뀌었어. 나는 호탕한데, 그이는 소심하고 잘 삐져."

"그녀는 참해 보이지만 얽매이는 걸 싫어해. 결혼해도 자기 일을 가져야 직성이 풀린다고."

겉궁합은 두 사람의 성격이나 가치관, 취향을 파악하는 것으로 몇 년간 연애하다 보면 파악이 된다.

속궁합은 한 길 물속보다 복잡한 사람 속에 대한 풀이로 오감만으로는 알 수 없다. 사과로 치자면, 민낯을 훤히 드러낸 과육을 씹고 분해해 과즙은 물론 씨앗 주변의 딱딱한 부위까지 맛보는 것과 같다. 부부의 속궁합은 짐승 같이 살아 봐야 알 수 있다. 살림하고 아이 낳아서 키우고, 집안 사정이라든가 시댁 문제에 부대껴 봐야 안다. 속궁합은 왜 보는 걸까? 두 사람의 미래에 쓰나미처럼 덮칠 수 있는 불행이나 사고를 미리 알고 예방하자는 의미에서다.

좋지 않은 궁합의 낌새는 다양하게 나타난다. 맞벌이 부부가 일심동체로 악착같이 살아도 깨진 독에 물 붓는 식으로 형편이 나아지지 않는다. 한 사람만 승승장구하고 배우자는 기가 눌린다. 느닷없이 제삼자가 출현해 갈등에 불씨를 떨어뜨리기도 한다. 궁합이 안 좋은데 이혼하지 않는 부부는 멀리 떨어져 살거나 가끔 보는 경우가 많다. 저녁이면 둘러앉아 고기 구워 먹고 낄낄대는, 더불어 사는 냄새는 없다. 최소한의 만남, 최소한의 연락만 유지하면 결혼 생활이 밍밍하긴 해도 그럭저럭 유지되는 거다. 이왕이면 따끈한 집밥이 맛있지만, 레토르트 음식도 그럭저럭 입에 넣어 삼킬 수는 있지 않은가. 데면데면하긴 해도 부딪힐 일은 없으니 겉보기에 흠 없는 부부라는 명목으로 사는 거다. 붙어 있기는 힘들고, 그렇다고 갈라서기도 뭐한 적당한 거리를 둔 평행선 부부.

상극의 궁합을 끌어안고 두 사람은 결혼해버렸다. 열렬히 사랑한 걸까? 서로에게 좋은 배우자가 될 수 있을지 시간을 더 갖고 고민했으면 어땠을까? 몇 년이 지나 두 사람은 내 기억에서 희미해졌다. 몰려오는 상담에 파묻혀 지내던 어느 날, 그때 두 남녀의 부모가 나를 찾아와 눈물을 쏟아냈다.

"사는 게 너무 괴롭습니다. 먹고 살기도 힘든데, 손자 둘이 모두 장애아로 태어났어요. 몸도 제 맘대로 못 가누고 인지도 떨어지고. 어떡하면 좋습니까? 도와주세요."

　잘살아보려 할수록 힘이 빠져나갔다. 벗어나려 할수록 고통의 허방에 깊이 빠졌다. 가끔은 축복할 수 없는 사랑도 있다. 늦었다고 인식할 때가 가장 빠른 법이다. 시간은 되돌릴 수 없고, 아픈 싹은 아프지만 잘라버리는 게 최선 아닌가. 두 사람은 아이 한 명씩 품에 안고 각자의 길로 돌아서서 아픈 길을 걸어나왔다. 시간이 필요하리라. 눈물 속에, 시계의 초침 속에, 떨어지는 빗물에 지난 일을 흘려버릴 수 있게 된다면 운은 언젠가는 나아간다. 네 사람의 평안을 두 손 모아 빈다.

복을 누리지 못하는 이유

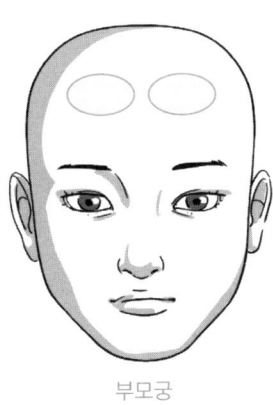

부모궁

B는 작고 동그란 얼굴에 도드라진 부위 없이 평범했다. 쌍꺼풀 없는 눈은 자그마했고 코와 입은 산딸기처럼 앙증맞았다. 가장 인상적인 건 목소리였는데, 모기가 울듯 가늘고 앵앵거려 스물아홉이지만 애티가 흘렀다. 방치하면 물러서 상해버릴 복숭아 같은 연약함을 풍겼는데, 타고난 성품인지 길러진 건지 의아했다.

그녀는 학창 시절 반에서 다섯 손가락 안에 들 정도로 공부를 곧잘 했다. 친구들이 패스트푸드점에서 햄버거 세트를 주문받거나 거리에서 전단지를 돌릴 때, B는 국숫집을 운영하는 엄마의 뒷바라지로 캐나다 어학연수를 다녀왔다. 엄마는 그녀를 사기그릇 대하듯 조심스럽게 대했고, 귀한 몸에 지문이나 얼룩이라도 남을까 연애사에도 관여했다. 스무 살의 나이에 손 한 번 잡았다고 결혼하는 건 아니지만 만남에 신중하도록, 엄마가 '아니야' 하는 사람과는 정들기 전에 손을 놓아버렸다. 인생이 굽이치기 시작한 건 대학 졸업을 앞둔 겨울에 새벽 시장을 가던 부모가 빙판길에서 교통사고를 당하면서였다. 차가 고속도로를 구르는 바람에 엄마가 목숨을 잃었다.

B는 자다가 일어나니 전쟁터 한복판에 고아로 남겨진 기분이었다. 삶의 지붕이 꺼지고, 자신이 산산조각 부서진 느낌이었다. 병약한 아버지와 연년생 오빠가 있었지만 상실은 마음에 점점 큰 구멍을 냈고, 그녀는 사는 게 공허해졌다. 바퀴 빠진 차처럼 추동력을 잃어 방에만 머물렀다.

"넌 하고 싶은 거 다 하고 엄마가 잘 챙겨줬잖아! 난 네 시간 통학하고 아르바이트까지 하면서 학비 모았어."

입대했다가 직업 군인이 된 오빠가 일갈했다. 몇 년이 지나도록 실의에 젖어 있는 동생을 더는 받아줄 수 없었고 그러면서 남매는 멀어졌다. 그가 결혼해서 아이 낳고 삶의 둥지를 지어갈 무렵, B도 옆에 누군가가 필요했다. 마침 열 살 연상의 남자에게 구애를 받았다.

"고작 늙고 빚 있는 남자 만나려고 그동안 기다린 거야? 절대 안 돼."

오빠의 사랑이었을까, 가장이라는 명목의 간섭이었을까. B는 가족과 단절하고 결혼했지만, 우울증과 공황장애로 약을 먹는다고 했다.

"제가 부모 잃고 가족에게 버림받고 살 운명인가요?"

체념과 분노로 자포자기한 말투였다.

"크기는 다를 뿐 누구나 복을 가지고 태어나죠. 당연히 굴곡도 있고요. 안타까운 건 굴곡에만 빠져 있어서 누려야 할 복을 못 누리는 거예요. 100을 타고났으면 100을 누려야 하는데, 20도 못 누리고 있어요."

B의 이마에는 요철 같이 움푹 들어간 부분이 있었다. 두 눈썹이 날개 펼치듯 상승하는 부위에서 3~4센티미터 정도 위로 올라가다 보면 뼈가 살짝 솟은 부위가 손에 느껴진다. 이 부분을 일각과 월각이라 한다. 한글로 풀자면 해 모서리와 달 모서리로 부모 덕의 유무를 알 수 있다. 부모 덕이라는 건 부모의 보살핌을 받으며 화목하고 유복하게 사는 것을 말한다. 일각과 월각이 높이 솟고 윤택하면 부모 덕이 크고 큰 명예를 얻어 일찍 출세할 수 있다. 특히 부모의 수명과도 관련이 있어 이곳이 수려하면 부모가 장수하고, 함몰되어 있으면 조실부모할 상이다. 월각이 깊이 죽어 있다면, 부모 복 없이 태어났기 때문에 일찍 출가해서 부모와 멀리 떨어져서 살면 전화위복이 되기도 한다.

"일각과 월각이 어둡고 꺼진 걸 보니 부모 운이 좋지는 않네요. 그래도 관상으로 볼 때는 좋은 부분이 더 많아요. 이마에서 관골, 턱으로 이어지는 육부가 꽉 차 있는데 복을 못 누리고 있어요."

"왜 못 누리고 있죠?"

"자기연민에서 벗어나지 못하니까요."

얼굴이 푸석푸석하고 생기가 없는 낯빛은 운이 새는 신호였다.

"어머님은 딸이 장성할 때까지 부모 역할을 다하셨어요. 덕분에 B는 남부럽지 않게 자랐고요. 주어진 삶을 잘 지키는 것도 자식의 도리이자 부모에 대한 사랑이죠."

사주와 관상은 괜찮지만, 타고난 운을 누리지 못하고 박복하게 사는 이들을 보면 딱하다. 더욱 답답한 건 부모가 자식의 운을 어깃장처럼 가로막는 경우다. 다 큰 자식을 포대기로 감싸 등에 업지 않았다 뿐이지, 과잉보호로 품 안에 감싸거나 미성숙한 존재로 대하면서 문제가 발생한다. 엄마 말 잘 들으면 착한 딸은 되겠지만, 사리 분별하고 앞가림하는 여성은 되지 못한다. 부모의 가부장적 사고도 한몫한다. 가족에 대해 절대적인 권력을 가졌다는 사고가 그것이다. '넌 세상 물정을 잘 몰라. 내가 말하는 후보를 찍어야지.' 선거철이 되면 특정 당에 투표하라고 강요하는 부모가 어찌나 많은지.

B의 얼굴을 찬찬히 보던 나는 운을 높이기 위해 눈썹을 손질하라고 조언했다.

"눈썹 손질을 한다고 운이 나아질까요?"

그녀가 물었고 나는 반문했다.

"운이 나아지지 않는다면 여기는 왜 오셨어요? 어차피 바뀌는 건 없는데요."

"글쎄요…."

B는 난감한지 머뭇거렸다.

"눈썹을 다듬는 건 머리 손질과 같은 겁니다. 머리카락을 빗어서 단장하면 마음이 정갈해지고 하루도 잘 풀리지 않나요? 상대에게 호감을 주기도 하고요."

황박미

B의 눈썹은 황박미(黃薄眉)로 눈썹 털이 솜털처럼 누런빛을 띠고 숱이 많지 않은 모양새였다. 눈썹은 심성이나 형제의 덕, 인덕을 볼 수 있는 부위로 일정하고 단정해야 대인관계가 활발하며 인덕이 많다. 황박미는 형제 운이 좋지 않아서 이별하거나 객사할 우려가 있는 상이다. 게다가 B의 눈썹은 눈의 길이보다 짧아서 우환이 많고 재산을 탕진할 상이었다. 엷은 회갈색의 눈썹 펜슬로 숱을 채우면서 형태를 선명하게 만들어 주면 운은 나아진다.

그녀의 남편은 건설 현장에서 일했다. 나이가 들면서 일이 슬슬 힘에 부치기 시작했는데, 노후 대비를 위해 그녀도 마냥 쉴 수만은 없었다. 사주와 관상으로 궁합을 보니, 그녀와 남편은 조화로웠다. B는 얼굴과 비교해 입술이 약한 편이지만, 남편의 풍만한 U자형 턱이 그녀의 운을 보완해 주었다. 그의 관골은 높게 살아 있어 일자리를 구하는 그녀의 사회 운도 도울 기세였다. 100 중에 20밖에 누리지 못한 운, 나머지 운을 위해 그녀는 자기 고립의 방에서 나와 걸어야 했다. 모처럼 시원하게 쏟아지는 빗줄기에 자괴, 자포, 자기 비하, 비애, 자멸 같은 삶의 불순물을 탈탈 털어버려야 했다. 그래야 인생의 새로운 시기가 움틀 수 있다.

양날의 검, 도화 관상

어느 해 5월 부산 출장길. 복사나무에 핀 복숭아꽃, 도화를 보았다. 울창한 나무들이 도로를 따라 서 있고 그 가운데 희고 연붉은 나무가 눈에 띄었다. 엷은 꽃잎들이 한데 어우러져 수천 마리 나비가 춤을 추듯 팔랑거렸다. 햇볕이 더해지니 반짝이는 잔물결처럼 일렁거렸다. 눈이 부시고 요염했다. 차 안에서 나무를 올려보다가 절세미인을 마주친 듯 고개가 절로 돌아갔고, '와' 하고 입까지 벌어졌다. 도화살桃花煞이란 표현이 괜히 나온 게 아니구나 싶었다.

H는 도화 관상을 지닌 여성이다. 작고 갸름한 얼굴에 눈웃음이 요염하고, 두 볼은 복숭아처럼 발그레한 빛이다. 남자가 줄줄이 따랐고, H 역시 교제를 즐겼다. 옛 어른들이 말하는 도화살이 그녀에게 있었다. 도화는 사람을 끄는 매력인데, 도화가 지나치면 살煞이 붙는다. 살煞은 사람을 해치거나 물건을 깨뜨리는, 모질고 독한 귀신의 기운을 뜻한다. 도화살이란 한 사람의 배우자로 살지 못하고 사별하거나 뭇 이성과 상관하도록 만드는 살이다.

도화 관상에는 붉게 피는 홍도화 상과 곱고 새하얀 백도화 상이 있다. 홍도화 상이 성적 매력이 넘치는 아름다움으로 사람을 호린다면,

백도화 상은 지고지순한 매력을 풍긴다. H는 전자에 해당했다. 친구 동생인 H를 처음 봤을 때, 눈 모양만으로 그녀의 도화 관상을 알 수 있었다. 가늘고 긴 눈꼬리로 곁눈질을 자주 하면서, 누굴 찾기라도 하듯 주변을 요리조리 살폈다. 눈빛은 살짝 젖은 듯이 반짝였다.

'속삭이는 눈빛이 무엇을 말하는지 난 아직 몰라. 난 정말 몰라. 가슴만 두근두근, 아하 사랑인가 봐.'

트로트 가사에 나오는 속삭이는 눈빛이 H의 눈을 두고 말하는 거였구나, 싶었다. H는 통화할 때면 '오빠, 오빠' 하면서 코맹맹이 목소리를 간드러지게 냈는데, 연기라기보다는 그녀의 타고난 기질이었다. H는 자신의 매력을 발산하는 걸 즐겼다. 눈꼬리를 강조하는 화장을 하고 몸에 찰싹 달라붙는 옷을 입고 다녔다. 눈매 다음으로 시선이 가는 건 H의 입이었다. 적당히 크고 도톰했고 살짝 내민 듯한 입술이 은근 도발적이었다.

"화장을 매일 진하게 하고 다녀? 옷도 좀 단정하게 입지 그래."

가끔 얼굴을 보게 되면, 그녀의 도화살을 눌러주고 싶은 맘에 한마디 했다.

자고로 도화 관상은 패가망신하는 상이다. 음란한 성질 때문에 몸을 망치는 것은 물론 한 집안을 망하게 한다고 해석했다. 지나친 인기와 이성의 끊이지 않는 관심 속에서 바람둥이가 될 소지가 크기 때문이다. 세 장군을 유혹해 로마의 왕권을 흔들다 자살한 이집트의 여왕 클레오파트라, 전성기의 당나라를 쇠락의 길로 들어서게 한 경국지색傾國之色 양귀비 등 세계사의 미인들은 도화살을 지녔다.

도화 관상은 남자에게도 있다. 몇 개월 전 이혼남들이 진행하는 TV

프로그램에 출연해 관상을 본 적이 있다. 50대 남성 방송인은 백도화상으로 주변인의 관심과 애정을 받는 상이었다. 여자로 치면, 청순가련한 얼굴로 보호 본능을 일으키는 상이랄까. 일거리가 부족하다고 푸념하는 그에게 단언했다. 관심으로 먹고사는 천상 연예인 얼굴이라 이 계통에 뼈를 묻어야 한다고.

도화는 양날의 검이다. 삶의 유용한 도구가 될 수도 있고, 자신을 해치는 무기가 될 수도 있다. 다행히 H는 타고난 도화를 한껏 발산할 수 있는 현대 무용 전공이었고, 무대에 오르는 직업을 가졌다. 풀잎처럼 가늘고 날씬한 몸의 움직임과 손짓 하나에 관객의 시선이 모아질 때마다 그녀는 황홀했다.

만발한 복사꽃처럼 화사한 20대가 저물어 갈 무렵. 그녀에게서 청첩장이 날아왔다. 그녀의 반려자가 어떤 사람일지 궁금했다. 무대에서는 H가 자신의 도화를 꽃망울 터지듯 발발하게 피우도록 하면서도, 무대 밖에서는 그녀의 도화 기질을 보완하는 건실한 남자이기를 바랐다. 결혼식장에서 본 H는 비즈나 레이스 장식이 없는 미카도 실크 드레스를 차려입고 있었다. 깔끔하고 우아하긴 했지만, 과감한 노출을 즐기는 그녀였기에 의외였다. 가까이서 보니 목에서 가슴골에 이르기까지 가늘고 깊은 V자를 그리는 아슬아슬한 드레스였다.

그녀의 남편은 학구적인 이미지의 회사원이었다. 쌍꺼풀 없이 선하고 또렷한 눈매에 안경을 썼다. 코는 동그랗고 턱은 완만했다. 반대가 끌린다더니, 다소 뾰족한 이미지의 H를 잘 보듬어 줄 법한 상이었다. 결혼식은 목사님의 은혜로운 주례와 정치인의 축사로 경건한 분위기에서 진행되었지만, 마지막에 반전이 있었다. 신랑에게 선사하는 신부의 축무는

H다운 발상이었다. 보조 춤꾼 두 명을 옆에 세워 두고 신부가 무대 중앙에서 춤을 추었다. H는 댄스 가요에 맞추어 몸을 살랑살랑 흔들어댔다. 봄날에 복사꽃 나부끼듯이.

페이스 스토리 5

인기와 바람기

    남녀 간의 사랑을 불에 비유한다면, 나는 연탄불 같이 잠잠하고 끈덕진 사랑이 좋다. 그런 사랑이라면 화려한 멋은 없어도 평생 춥지 않게 해줄 것 같다. 부부는 정으로 산다고들 한다. 맞는 얘기다. 사랑이 세월의 터널을 지나면 정이 된다. 쉽게 꺼지지 않는 연탄의 잔 불씨. 그런 정이 있어야 일상을 미온하고 훈훈하게 유지할 수 있다.

    사람들은 사랑에 실패할 때마다 나를 찾아온다. 이별은 슬프지만, 자신과 맞지 않는 사람을 떠나보내는 건 운명의 선순환이다. 진정한 사랑은 감정의 발화보다도 지속에 달려 있다. 후끈 달아오르는 매력을 지나 서로에게 믿음이 생기는지 지켜볼 일이다.

    "바람피우는 사람을 만나서 괴롭습니다."

    상담실에서 눈물 한 바가지를 쏟아내며 하소연하는 이들이 있다. '바람둥이는 이렇게 생겼어요.' 하고 몽타주 그리듯 표현할 수는 없지만, 이목구비를 뜯어보면 낌새가 보인다. 바람기는 욕망의 불꽃이다. 바람둥이는 상대의 감정에 도화선(폭약이 터지도록 불을 붙이는 심지)을 깔아놓고는 마음에 불을 지필 준비를 한다. 마음의 화재로 뜻밖의 불운을 겪기 전에, 얼굴에 깃든 바람기의 낌새부터 살펴보자.

팔자미 八子眉

여덟 팔자 모양의 팔자미는 눈썹의 꼬리가 아래로 내려가 자칫 간문을 덮기도 한다. 간문(눈꼬리 옆)은 가정 운과 배우자 운을 보는 자리로 깨끗하고 넉넉해야 좋은 배필을 만난다. 팔자미 끝부분의 긴 털이 흩어져 눈썹꼬리가 간문을 덮어 누르는 형상이면 배우자를 만나지 못하게 된다. 여러 번 결혼해도 인연이 길지 못하다. 관상에서 미간(눈썹과 눈썹 사이)의 크기는 개방적 성향을 의미한다. 눈썹 머리에 숱이 많지 않고 미간이 넓은 팔자미 남성은 쉽게 이성을 만나고 바람기가 높다.

복숭아꽃 눈, 도화안 桃花眼

눈웃음치듯 요염하게 웃는 도화안은 적당한 크기의 눈에 물기가 젖어 있고, 푸르스름한 빛이 돈다. 곁눈질을 자주 하며 눈빛에 애교가 넘치는 것이 특징이다. 도화안은 성적 매력이 넘치는 홍도화, 청순한 눈빛의 백도화로 나뉜다. 과거에는 도화안을 홍안이라 해서 음란함과 사치와 환락을 의미했지만, 현대에서는 달리 해석한다. 도화 기질을 살려 예술계나 연예계로 진출하면 대성한다.

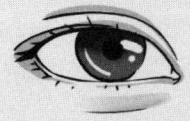 

원앙의 눈, 원앙안 鴛鴦眼

원앙새의 동그랗고 또렷한 눈을 닮은 길안(좋은 운을 지닌 눈)으로 청순미가 돋보이는 백도화 상의 눈이다. 원앙안을 지닌 이는 이성에게 인기가 많고, 눈빛이 총명해 상당수가 복을 누리고 산다. 도화 기질 때문에 자칫 이성 문제에 휘말리기 쉽다. 원앙새는 금슬이 좋기로 유명하다. 암컷이 알을 낳을 때까지 다른 이가 얼씬거리지 못하게 수컷이 옆에 달싹 붙어서다. 막상 학자들이 부화한 알의 DNA를 확인해 보니, 40퍼센트가 지아비로 알던 수컷의 알이 아니라는 연구 결과가 나왔다. 우스갯말로 인생의 약 또는 독이 되기도 하는 백도화 기질이 원앙안을 지닌 원앙새에게도 있다.

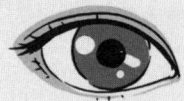 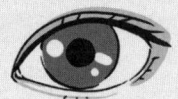

주름진 입, 추문구 皺紋口

주름 '추', 무늬 '문', 추문구는 입술 위에 세로 주름이 많으며 도톰하고 크다. 개방적이고 도발적인 성향으로 안젤리나 졸리의 입술이 추문구다. 이런 입술은 잔 애정이 깊어 유혹에 약하며, 가정을 지키기 어렵고 고독한 생활을 하는 경우가 많다.

제6부
얼굴, 무언의 신호를 보내다

코에 드러나는 적신호

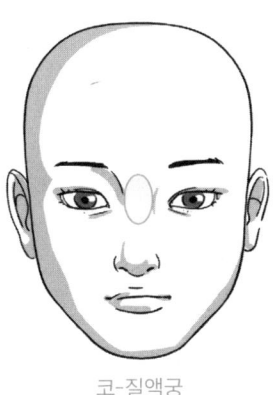

코-질액궁

내 코는 낮은가? 높은가? 거울 앞에서 새침한 듯 고개를 옆으로 돌린 채, 거울 속의 나를 곁눈질했다. 그러면 코 높이라든가 콧등의 윤곽이 잘 보인다. 솟은 콧날을 집게손가락으로 만졌다. 이 산줄기가 시작되는 지점은 어디일까? 눈과 눈 사이에 있는 산근山根이다. 산근은 관상에서 중요하지만 은근 간과되는 부위다. 보석처럼 반짝이는 두 눈동자 사이에서 가려지고, 안경 이음새에 또 가려진다. 산근을 산삼 모시듯 잘 보존하는 것은 건강 운을 지키는 일이다. 산근, 코 뿌리 부분을 관상에서는 질액궁疾厄宮이라 한다. '질병'의 '질'과 '액땜'의 '액'자를 쓴다. 질액궁은 질병의 유무를 보고, 일생의 사고나 재난을 판단하여 살피는 자리다.

산근을 손가락으로 만져보면 산근이 솟아 있는지, 주저앉았는지 느낄 수 있다. 적당히 솟아 있고 반듯한 산근이 잡티 없이 청정하고 매끄럽다면, 건강하고 재앙이 생기지 않는다. 푹 주저앉은 산근은 기운이 끊어진 모양새다. 이마 언덕에서 명궁을 거쳐 내려온 기운이 산근을 타고 코로 이어져야 하는데, 그렇지 못한 상태다. 산근이 깊거나 끊어진 사람은 몸이 약해서 병에 걸리기 쉽다. 기운을 받지 못하니 살면서 큰 병환을 거칠 수밖에 없다.

'아, 이 사람 오랜 지병이 있구나.'

상대가 입을 열기도 전에 그의 병환을 짐작하기도 한다. 병마가 지나갔거나, 한창 고통과 씨름 중이라는 걸 그의 산근을 보고 알았다. 산근에 가로 주름이 물결치고 어두운 빛깔이 감돌았다. 심한 통증으로 눈과 얼굴을 찡그리면 산근에 고통이 할퀴고 간 듯, 날카로운 주름이 줄줄이 그어진다. 거기에 병마의 발자국인 흑점이 뚜렷해 그의 병약한 기운을 짐작케 했다.

붕어빵 찍은 듯 똑같은 얼굴인데, 한 사람의 산근에는 점과 상처가 있다. 고시를 본다면 누구에게 좋은 일이 일어날까? 아무리 공부를 한다 해도, 산근이 좋은 사람에게 밀린다. 이마가 지닌 학업이나 명예 운이 산근으로 이어지지 않아서다.

복부 위에 이리저리 청진기를 대지 않더라도, 산근을 잘 살피면 위와 장의 상태를 알 수 있다. 혓바닥이 델 정도로 뜨거운 음식, 고추장이나 MSG가 가득 들어간 맵고 짠 음식을 많이 먹으면 위에 사열死熱이 머물러 위열증을 앓게 된다. 사열, 죽음을 부르는 열이라니 섬뜩하다. 사열증으로 위가 뜨끈뜨끈해지면 산근에 불그스름한 빛깔이 돈다. 차가운 음식을 많이 먹으면 위가 차가워지고, 위와 비장의 양기가 허해지면 위한증이 생긴다. 이때 산근은 창백해져 핏기 없이 푸르스름해진다. 물감 칠한 듯, 뚜렷한 빛깔로 나타나지는 않으므로 산근의 변화를 단번에 알아채는 건 쉽지 않다. 기색과 주름의 변화, 점 하나까지 살피는 예리한 돋보기 눈을 지녀야 가능한 일이다.

산근 밑 콧등도 위 건강을 알려준다. 위의 기운이 허하면, 소화 기능이 떨어지는 위허증을 앓게 된다. 콧등이 탁하고 거메지는 건 위허증의 신호다. 음식을 절제하면서 꼭꼭 잘 씹어 먹는 것만으로도 위허증 예방에 도움이 된다.

콧등에 누르스름한 빛깔이 도는 것도 위와 관련이 있다. 위의 수분 대사 기능에 장애가 생기면 위에 물이 고인다. 이를 위내정수라 하는데, 음식물이 내려가지 못하고 위에 고여 있는 상태다. 콧대가 황색을 띠면 위내정수를 앓고 있다는 신호로 이때 명치(가슴뼈 아래 오목하게 들어간 부분)를 가볍게 두드리면 물소리가 난다.

코는 오장 가운데 폐와 연결되어 있다. 풍한사風寒邪, 찬 바람의 나쁜 기운이 폐를 침범하면 코가 막힌다. 코에 습열濕熱, 습하고 더운 열기의 나쁜 기운이 쌓이면 누런 콧물이 나온다. 코막힘이 심하고, 코를 자주 팽 풀어버린다는 내 친구는 큰맘 먹고 폐 운동을 시작했단다. 동네 공원에서 날마다 600미터 정도 빠르게 걷거나 뛴다고 했다. 코의 증상이 폐 건강과 관련 있다는 걸 알고 결심했단다. 말만 할 게 아니라, 이참에 같이 뛰어야 할까 보다. 코맹맹이 소리로 상담하는 날이 부쩍 늘어난

요즘, 남의 코만 살폈지 맹맹한 내 코는 나 몰라라 한 것 같아서.

점, 운명에 좌표를 찍다

　점. 점. 점. 한자어 점(點)은 널리 쓰인다. 작고 둥글게 찍은 표시나 문장의 마침표, 가운뎃점 따위를 뜻한다. 사람의 살갗, 동물의 털 위에 생긴 다른 빛깔의 얼룩, 소수점, 음표 옆에 붙는 점도 같은 한자어를 쓴다.

　점은 작지만 작지 않다. '님'이라는 글자에 점 하나만 찍으면 도로 '남'이 되는 장난 같은 인생사. 언어에서 점(획) 하나는 단어의 의미를 180도 반대로 돌려버린다. 화룡점정(畵龍點睛), 용을 그린 후 마지막으로 눈동자를 그려 넣었더니 그 용이 실제로 용이 되어 홀연히 구름을 타고 하늘로 날아 올라갔다는 사자성어로 무슨 일을 하는 데에 가장 중요한 부분을 완성함을 비유적으로 이르는 말이다.

　"몇 년 사이 제 얼굴에 점이 많이 생겼어요."

　비가 온 뒤 죽순이 여기저기 솟아나듯, 얼굴에 돋는 점 때문에 고민하는 이를 왕왕 만난다. 피부 색소가 침착(沈着)되어 나타난 반점이나 얼굴에 생기는 점은 운세에 어떤 영향을 미칠까? 점(획) 하나가 언어의 의미를 바꾸듯 얼굴 점이 인생의 방향을 틀어버릴까?

　한의사들은 혈 자리를 눌러 병의 유무를 판단한다. 손목의 맥을 짚으며 "음, 위에 염증이 있어요. 쓴물이 올라오고, 속이 더부룩하지 않았

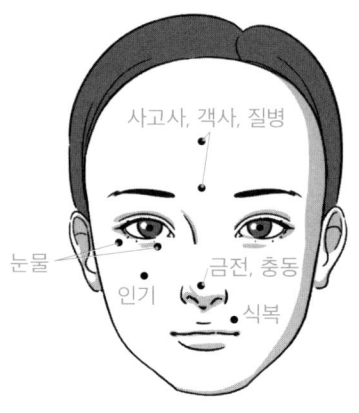

나요?" 하고 묻는다. 허리가 아픈 경우에도 전혀 다른 부위에 침을 놓기도 한다. 이는 신체 부위가 서로 연결되어 있다는 의미로, 신경과 기가 모이는 곳에 침을 놓아 가능한 치료법이다. 점 또한 마찬가지다. 관상에서 점은 사람이 지닌 기운과 운세가 한곳에 모여 겉으로 표출되는 중요한 단서로 본다. 얼굴에 나타난 점의 위치로 길흉을 점치며 잠재된 운세를 알 수 있다.

관상에서 얼굴에 있는 점은 이로운 점이 거의 없고 몸에 있는 점은 해로운 점이 거의 없다. 내 말에 어떤 이는 '어쩐지 되는 일이 없더라. 얼굴 점을 다 빼야겠군.' 하며 푸념할지도 모른다. 그렇다고 얼굴의 점과 사마귀가 모조리 나쁜 것은 아니니, 대개 좋지 않은 점이 많다고 이해하면 된다.

얼굴 정 중앙에 세로줄을 그어 보자(물론 상상 속에서다). 그 중앙선을 따라 난 점은 운의 방해 세력으로 특히나 이마 중앙에 난 점이 그러하다. 이마는 관록궁官祿宮이라 하여 나랏일을 하는 관운을 보는 자리인데, 이마 중앙에 난 점은 고위공직에 오르는 출세와 명예를 막는다. 눈썹과 눈썹 사이 명궁은 운명에서 가장 중요한 부위로 수명을 보는 곳이다. 이 부위의 점은 명운을 방해하여 사고사나 질병을 낳는다. 건강상의 문제, 사고를 피하기 위해서라도 이마의 점은 빼주는 게 낫다.

점 외에 흉터도 운을 가로막는 건 마찬가지다. 이마의 흉터가 사라지지 않는다면 모자나 앞머리로 가려주는 게 운에 좋다. 눈의 지붕이라 불리는 눈썹 안에 있는 점은 복점으로 장수와 재물 복에 도움이 된다(눈에 잘 띄지 않는 점은 대체로 좋다). 눈 밑의 점은 눈물점이면서 동시에 인기 점이다. 사랑을 시작하거나 지속하기가 힘겹다면 이 부위에 점을 찍어도 좋지만 글쎄다. 눈물을 왈칵 쏟으면서까지 인기를 누려야 할 이유가 없다면 빼기를 권한다.

내게는 일명 '아이유 점'이 있다. 관골과 입술 사이 볼에 찍힌 점은 인기 점이라 하며, 여배우 마릴린 먼로도 이 점을 지니고 태어났다. 호박에 줄 긋는다고 수박이 되는 건 아니지만 얼굴에 생긴 인기 점은 시선을 모으고 사람을 끈다. 대중을 상대로 하는 직업인에게는 좋은 점이다.

여성들이 가장 많이 점을 찍는 부위는 코의 옆 날이다. 영화 〈관상〉에서 한 기생이 천재 관상가 김내경에게 자신은 왜 인기가 없는지 묻자, 그는 기생의 코에 수박씨 하나를 붙여준다. 기생은 그 부위에 점을 찍어 인기를 누리게 되는데, 그 부위가 '연예인 점'의 위치다(이 부위에 점을 지닌 인기 연예인들이 몇 명 있어서 붙여진 이름이다). '금전의 점'이기도 하지만 강한 충동과 소비 성향을 부른다는 점에서 연예계 종사자가 아니라면 권하지 않는다. 돈을 물 쓰듯 써도 무방한 백만장자라면 모를까.

입술 바로 위의 점은 식복 점이라 한다. 재물 운, 먹을 복을 표현하므로 굳이 뺄 필요는 없다. 팝스타 마돈나가 전성기 시절 입술 오른쪽 위의 점을 강조한 메이크업을 함으로써 매력 점으로 불리기도 했다. 얼굴의 세로 중앙선 위의 점은 좋지 않은데, 이마 중앙의 점이 그러하듯 턱 중앙의 점도 운에 해롭다. 질병과 사고사를 부르며 말년 운을 방해한다.

길게 뻗은 팔자 주름은 운의 두 다리로 직업 운을 판단하는 자리다. 팔자 주름을 가로질러 그어진 상처는 일이 끊기거나 직업에 제약이 생기는 흉을 의미한다. 또한 직업에 이동 수가 많아서 한 직장에 정착하지 못할 수 있다. 부동산 운을 보는 전택궁(눈두덩이)에 흉터가 있는 이를 만나면, 안경을 착용해 흉터를 가리라고 권한다. 안경을 써서 집 한 채라도 갖거나 건물을 올릴 수 있다면 좋지 않은가.

피부 관리에 정성을 들이는 편이지만 몇 달 전 얼굴 피부에 원인 모를 문제가 생겨 양쪽 볼이 벌겋게 부르텄다. 자잘한 두드러기가 양쪽 관골을 붉게 덮으면서 가려움증에 시달리기까지 했다. 피부과 병원으로 부랴부랴 달려가 며칠 만에 낫긴 했지만, 오랜 기간 준비해 온 일이 치료 기간 중에 취소되었다. 관골은 사회 활동과 연관된 부위로 이 부위의 잡티나 점, 흉터는 사회 활동의 운을 가로막는다.

얼굴 피부는 관상에서 운의 씨앗이 자라는 대지다. 기미와 잡티 없이 윤택한 피부는 길운의 밑거름이라 할 수 있다. 유튜브 라이브 방송을 할 때면, 오악이 빛나는 내 얼굴의 비결이 뭐냐고들 묻는다. 그 답은 조명도 하이라이팅 화장법도 아닌 팩에 있다. 나는 아무리 피곤해도 매일 잠들기 전에 얼굴에 팩을 척 붙이고 잠이 든다. 운을 구조조정하기 위해 대단한 시술이나 성형을 찾을 필요는 없다. 작은 거 하나라도 꾸준히, 부지런하게 하는 것이 좋다. 나름 '꿀 피부' 소리를 듣는 관상가가 운을 지키는 비법이다. 너무 자화자찬인가?

자궁이 안 좋지 않나요?

몸에 이상 징후가 있다면 병원을 방문하지, 관상가를 찾아와 아픈 부위를 내미는 이는 없다. 병에 관한 문의보다도 "건물을 살까요?", "결혼하긴 하나요?", "가게를 차려도 괜찮을까요?" 같은 질문을 던지며 인생 전환을 위해 나를 찾아오는 이들이 대부분이다. 병은 신체의 난봉꾼이자 운의 파괴자다. 질병은 좀벌레처럼 교묘히 퍼져 몸과 삶, 정신을 야금야금 갉아먹어 치운다. 상대의 얼굴을 들여다보다가 의도치 않게 질병의 낌새를 알아차릴 때가 있다. 늘 그렇듯 질병을 예견하는 나의 말은 상대에게 맥락 없이 다가간다.

"여성 질환을 앓고 있지 않나요? 가게 차리기 전에 일단 병원부터 가보세요."

정밀한 초음파 검사 없이 안색만 보고 이런 말을 하니 와닿을 리가 없다.

"그럴 리가 없어요. 3개월 전에 건강 검진을 받았는데, 별 이상 없었거든요."

S는 확신에 찬 듯 말했다. 갑상선이나 유방, 자궁에 통증이나 증상이 없었냐고 묻자 그녀는 생리불순이 있다고는 했다. 월경을 한 달 건너뛰

기도 했다가 어떤 달은 일주일도 넘게 한다고 했다. 고등학교 때부터 그런 증상이 있었는데, 스트레스를 받아서 그런가 보다 하고 넘겼던 거다.

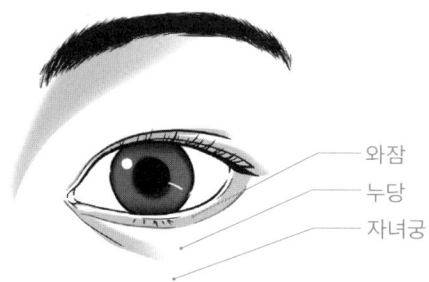

S의 질환을 예견한 건 무엇보다 그녀의 검푸르접접한 와잠 때문이었다. 보통은 50대 이상의 여성에게서 볼 수 있는, 볼록하게 처진 지방 주머니가 갓 마흔이 된 그녀의 눈 밑에 넓적하게 달려 있었다. 눈 바로 아래, 누에가 잠을 자는 모습의 와잠이다. 와잠 아래에 눌러도 뼈가 없는 곳은 누당이라 한다. 눈물 루(淚), 집 당(堂)자를 써서 눈물이 머무는 자리라는 의미다. 와잠과 누당의 찰색과 부푼 모양을 보고 여성 관련 질병의 유무를 알 수 있다. 자궁과 생식기 쪽에 문제가 생기면 눈 밑이 지저분해지고 찰색이 밝지 않다. 와잠과 누당은 자궁의 신호등으로 자궁에 암이 생기면 와잠에 검푸른색이 돈다. 누당이 많이 부풀고 푸른색을 띠면 자궁이 아프다는 신호다.

와잠은 자녀궁 또는 남녀궁이라 하여 자녀의 유무와 복덕을 보는 자리이기도 하다. '자식을 잘 낳는가?', '자식들은 좋은 복을 타고 타는가'를 삼신할머니처럼 알려준다. 살이 뽀얗게 오른 가을 쌀벌레처럼 와잠에 살집이 가득하면 자식과 손주에 이르기까지 복록이 번영한다. 반면 와잠에 어지러운 주름살이 생기면 후대를 잇기 어렵다.

검버섯처럼 칙칙한 와잠만 보고 50대 여성을 병원에 보낸 적이 있는데, 유방암 4기 진단이 나왔다. 좀 더 일찍 와잠을 보고 알았더라면, 종양 제거 수술 대신 간단한 레이저 시술로 치료가 가능했을 상황이었다. 질병은 재난이다. 거대한 쓰나미 같은 질병이 몸을, 자궁을, 유방을 덮치고 난 후에는 건강이 무너져 원상 복구가 불가하다. 와잠과 누당이 무언의 위험 신호를 보낼 때 알아차려야 한다.

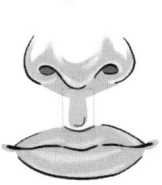

S의 경우 인중에 검은색 반점이 생겨 '혹시 자궁암이 아닐까?' 싶기도 했다. 코와 입 사이의 인중人中은 '사람의 중심'이란 뜻으로 인체의 급소이며, 자궁은 물론 남녀 비뇨기, 생식 계통을 관장한다. 인중의 모양과 크기를 통해 출산, 자궁의 문제 등을 판단할 수 있다. 좋은 인중은 길다. 위는 좁고 아래로 내려올수록 넓어지면서 대나무를 쪼개놓은 것 같이 윤곽이 뚜렷하고 결함이 없다면 길격이다.

인중은 몸 아래 땅굴처럼 깊숙이 자리 잡은 자궁의 모양과 상태를 겉으로 드러낸다. 인중이 길고 좁은 형태라면 자궁 또한 길고 좁으며 생리통이 심하다. 짧고 희미한 인중은 매우 약한 자궁을 의미한다. 모든 병에는 겉으로 드러나는 낌새가 있는데, 인중은 자궁이 아픈 징후를 읽어 예보한다. 인중에 생긴 미세한 붉은 점은 일종의 적신호다. 자궁에 생길 종양성 질환의 예후이므로 이른 시일 내에 병원에 가야 한다. 인중이 푸른색을 띠면 자궁에 병적으로 추운 기운이 가득하다는 신호다. 적색을 띠면 자궁 출혈의 징조라 하겠다.

인중은 얼굴의 음지에 있다. 코가 드리운 그늘에 가려지는가 하면, 새끼손가락보다 가늘어서 굵직굵직한 이목구비에 비해 눈에 띄지 않는다. 그래서 간과하기 쉽다. 자궁의 건강도 그러하다. 몸의 수도권, 중심부에 자리 잡은 오장에 비해 자궁은 외곽에 소외되어 있다. 자궁을 잘 관리하려면 값비싼 호르몬제를 찾기 전에 와잠과 인중부터 살펴볼 일이다. 인중에 난 잡티는 모두 자궁에 해롭다. 기미가 생기면 난소 질환을 의심해야 하며, 검은색 반점이 생기면 자궁암일 가능성이 크다.

내 말을 듣고 대학 병원에 다녀온 S는 자궁에 제자리암을 진단받았다. 암이 발현되거나 전이되지는 않고, 잠재된 상태였다. 자궁을 끄집어내면서 일단 급한 불을 꺼야 했다. 불청객이 몸을 잠식하기 전이라 그나마 다행이었다.

"와잠을 잘 관리하면 질병을 예방할 수 있는 건가요?"

늘어지고 볼록한 모양, 어지러운 주름 같은 와잠의 변화에 흠칫 놀란 중년 여성이 내게 물었다. 예방이라기보다 조기 발견이라는 표현이 맞겠다. 간단한 시술은 물론 아이크림을 바르거나 안경으로 가리는 것도 병의 진행을 더디게 한다.

롱다리의 허상

 상담실을 벗어나 우연히 마주한 이에게서 그의 형편이나 기질을 강하게 느낄 때가 있다. 내 몸에 기운이 펄펄 날 때는 더욱 그런 편이다. 몇 달 전 지인 모임에서도 그랬다. '발품을 팔고 다닐 상이구나.' 식당 문을 열고 들어오는 D를 처음 보았을 때 문득 생각했다. 키는 168센티미터 정도인 D가 지인의 옆자리에 앉았다. 체격은 통통하지도 마르지도 않은 보통이었고, 허리를 살짝 덮은 반팔 티에 반바지를 입었는데 긴 다리가 눈에 띄었다. 같은 키의 남들보다 엉덩이가 높이 위치했다. 손으로 한 뼘 정도 위에 붙었다고 할까. 다리가 유난히 길고 가늘어서 길쭉한 막대기 같았다. 소위 말해 킬힐이 필요 없는 긴 다리였다.

 키와 비교해 다리가 길고 마르면 발품 파는 인생으로 산다. 몸을 움직이며 고되게 일하지만 돈 모으기가 어렵다는 의미다. 100년만 지나도 왕조가 바뀌고 세상이 변하거늘, 호랑이 담배 피던 시절에 만든 관상학을 21세기에 그대로 적용하는 것을 무리라 생각할지도 모르겠다. 현대 시대에 맞게 해석한다 해도 기다란 하체가 발품 파는 상이라는 건 고정불변이다. 모델만 봐도 그러하다. 모델의 다리 맵시는 길고 우아하지만 역시 발품 파는 업은 그대로다. 수고스럽게 걸어 다니며 일한다는 건 부하를 거느리는 높은 지위에 오르지는 못한다는 거다. 실제로 모델들은 자신이 회사를 운영하지 않고 운영주가 따로 있는 경우가 많으며, 큰돈을 번다고 해도 관리하는 능력이 부족해 재산 지키기가 쉽지 않다. 관상에서 하체는 하정이라 하는데, 배꼽 밑에서 발목까지를 말한다. 하정은 살과 뼈가 튼튼해야 하며 특히 무릎에 살이 많고 허벅지가 통나무처럼 튼튼해야 운에 좋다.

관상에서는 다리가 긴 사람보다 다리가 짧은 사람을 더 귀하다고 본다. 달리 말하면, 키와 얼굴의 생김새가 비슷한 두 사람이 있다면, 앉은키가 더 큰 사람이 사회적으로 잘 풀린다. 몸통이 길고 그에 비해 다리가 조금 짧은 듯한 체형이 좋은 상이다. 큰 기업의 사장이나 임원의 체형을 살펴보면 앉아 있을 때는 커 보이는데 실제로는 키가 작은 사람이 의외로 많다. 즉 앉은키가 크면 귀인으로 본다.

D의 사주나 얼굴 관상을 본 건 아니지만, 체형만으로 그녀의 운을 어느 정도 파악했다. 여성치고는 어깨가 벌어지고 넓은 편으로, 포용력은 있지만 어깨에 짊어진 삶의 무게가 클 것이었다. 책임감이 따르는 힘든 삶을 살 것 같았다. 자녀 여러 명을 혼자 부양하는 가장이지 않을까? 돈을 부단히 벌어야 하는 상황인가? 싶었다. 그녀가 화장실에 간다며 의자를 밀고 자리에서 일어설 때 무릎과 종아리에 얼핏 힘줄이 보였다. 지형도의 산맥 줄기처럼 은근 뚜렷했는데 바쁘고 분주하게 살고 있다는 흔적이었다. 그걸 짊어지고 갈 만큼의 강한 의지가 있고 살집이 풍만해야 운에는 좋은 법이다.

"많이 드세요."

다리는 어쩌고, 어깨는 저쩌고 하면서 초면에 관상 이야기를 꺼내는 건 적절치 않아 가벼운 인사말만 주고받았다. 식사량을 물으니 아침에는 커피 한 잔, 점심이나 저녁에 한 끼 먹는 정도란다. 양이 적은 것 같아 말했다.

"잘 챙겨서 드세요. 운은 푸근한 살집에 붙는다고요. 살집에 운이 살아요."

내가 어릴 때만 해도 머리가 크면 어르신들이 장군감이라고 했지만, 언제부턴가 팔등신을 넘어 구등신은 족히 될 주먹만 한 서구적 얼굴에 열광하는 분위기다. 고생스러운 건 질색이라면서도, 젊은 여성들이 얼굴을 작고 갸름하게 하려고 조각상 만들 듯이 뼈를 깎는 고통을 감수하는 걸 보면 경악스럽다. 풍후한 턱을 깎는 건 타고난 복을 스스로 깎는 행위나 다름없는데…. 관상에서는 머리의 크고 작음보다 몸의 전체적인 비율을 중요시한다. 머리와 허리 그리고 다리의 삼정이 적당한 비율로 조화로워야 운이 좋다. 축소한 듯 작은 머리나 늘어뜨린 듯 긴 다리는 사진에는 멋들어지게 나올지 몰라도 관상에서는 흉상이다.

D의 머리 크기는 적당했는데 아쉬운 건 어깨였다. 낮기도 했지만, 그보다도 구부정한 게 문제였다. 사람의 어깨만 봐도 그의 기질이나 기운이 드러나는 법이다.

"시험에서 빵점이라도 맞았니? 왜 이리 어깨가 움츠러들었어?"

"어깨를 으쓱거리는 걸 보니, 오늘 발표를 잘한 모양이구나."

아이가 방과 후 집에 들어오는 순간, 엄마들은 아이의 심중을 읽어 버린다. 어깨에는 그가 지닌 책임감이나 자신감, 태도가 묻어나기 마련인데, D처럼 어깨가 구부정하면 일이 잘 풀리지 않는다. 재물이 나가고 편안한 생활을 누릴 수가 없다. 허리와 목을 세워 바른 자세로 있기만

해도 어깨가 다시 펴지면서 운도 덩달아 펴진다. 어깨는 약간 높고 넓으며 평평하고 살이 있어야 길격이다.

밥 한술을 뜨는데 넓고 둥그스름하게 파인 티셔츠 위로 그녀의 가슴 골격이 눈에 들어왔다. 가슴은 마음 밭이다. 풍년의 평야처럼 넓고 평평하며 살이 풍만해야 복이 따르는데, D의 가슴은 튀어나온 편이었다. 볼록한 새의 가슴처럼 복장뼈가 불거진 새가슴인 것으로 보아 성격이 다소 거칠고 화를 잘 참지 못할 모양새였다. 본래 타고난 기질이 그렇기도 하지만 살림하고 일하면서 나이가 들어 성미가 더 괄괄해지지 않았을까 싶었다.

젓가락으로 반찬을 집는 그녀의 손마디가 굵어서 도드라져 보였다. 팔꿈치나 무릎, 손마디나 발가락의 관절이 튀어나오면 고독한 상인데, D는 적적한 걸까? 혼자인가? 그녀의 처지를 알려고 애쓴 건 아니지만, 직업의 특성상 눈에 보이는 걸 어쩌나. 그런 생각을 하면서 조용히 밥을 먹었다.

지인을 통해 D에 대해 알게 된 지 몇 달이 지난 후, D가 쉰이 넘은 나이에 남편과 이혼하고 딸을 혼자 키운다는 걸 알게 되었다. 낮에는 커피숍이나 식당에서 아르바이트한다는 이야기를 고개를 끄덕끄덕하며 들었다.

페이스 스토리 6

눈썹, 인복이 지나가는 자리

　내 눈썹은 초승달 같다. 가지런한 눈썹이 올라갔다가 각 없이 완만하게 내려온다. 곡선의 부드러움과 활기가 있고, 선명한 윤곽이 주는 힘이 있어서 나는 내 눈썹이 좋다. 아침이면 아이 브러시로 눈썹을 빗질해 주고 잔털이 난 부분은 쓱싹 밀어준다. 숱이 고른 편이지만 흐릿한 부분이 있다면 눈썹 펜슬로 살살 칠한다.

　눈썹에 대한 나의 관심은 중학교 시절부터 시작되었다. 방과 후, 해가 질 무렵이면 텔레비전에서 〈배추 도사, 무 도사〉라는 전래동화 만화를 보는 재미가 컸다. 뻣뻣한 통배추와 매끈한 무의 만남. 두 도사는 수시로 티격태격했는데, 달라도 너무 다른 두 사람의 기질이 독특한 눈썹 모양에 그대로 드러나 있어 흥미로웠다. 하얗고 기다란 얼굴을 가진 무 도사의 유순함은 흰 초승달처럼 아래로 길게 늘어지는 눈썹에서도 풍겼다. 반면 까랑까랑한 배추 도사는 끝이 위로 치솟는, 굵고 새까만 눈썹을 지녔다. 자존심이 강하고 타협을 싫어하는 외골수 기질을 작가가 눈썹에도 반영한 거다.

　눈썹만큼 남녀 구분 없이 운을 쉽게 보완할 수 있는 부위도 없다. 제 모용 칼과 눈썹 펜슬, 거울 앞에서 공들이는 몇 분의 시간이면 충분하다. 눈썹은 문장의 마침표 같다. 메이크업할 때 눈썹을 그리지 않으면 전체 마무리가 안 된 느낌이 든다. 문장으로 치자면 마침표를 안 찍는 거다. 마침표, 물음표, 느낌표. 무엇을 찍느냐에 따라 문장의 전체 뉘앙스가 달라지듯, 눈썹을 어떻게 그리느냐에 따라 사람이 풍기는 인상이 바뀐다. 굵은 눈썹은 강한 인상을 풍기며 그의 적극성을 보여주는 복선이라 하겠다. 눈썹이 가는 사람은 내성적이고 섬세한 편이다. 조선 시대 그림에 등장하는 기생의 눈썹을 보면 하나같이 가늘고 둥글다. 온화한 다소곳함의 표현이다.

나의 지인은 애인을 소개팅에서 만났는데, '내가 어디가 맘에 들었어?' 하고 물으니 남자가 '눈썹'이라고 답했단다. 눈썹이 아래로 처져 있어 순해 보였다는 거였다. 처진 눈썹은 실제로 희생 정신이 강하고 동정심이 많다. 타인을 잘 돌보기에 덕을 많이 받는 상이다. 내게 가장 인상적인 눈썹을 꼽으라면 단연코 멕시코의 화가, 프리다 칼로가 떠오른다. 그녀의 진한 일자 눈썹은 1차선을 달리는 열차처럼 길게 늘어져 하나로 붙어버릴 것만 같다. 곧은 일자 눈썹에서 풍기는 그녀의 개성과 의지는 얼마나 압도적인가. 교통사고 후 몸에 철심을 박은 자신을 표현한 강렬한 작품처럼.

눈과 눈썹은 햄버거와 콜라처럼 콤보 세트로 함께 어우러져야 제격이다.

눈보다 길어서 눈매를 지붕처럼 덮고
눈썹 털이 엉킴 없이 가지런히, 정교하게 모인 눈썹.
너울거림 없이 깔끔해 눈두덩이를 침범하지 않는 눈썹.

눈썹을 이 정도만 관리해도 운을 매끈하게 다듬는 격이다. 눈썹의 형태를 통해 그 사람의 기질도 알 수 있다. 눈썹 머리의 털이 거칠어 뻣뻣하게 선 사람은 고집이 세고 자신만을 내세워 인간관계가 원활하지 못하다. 한 마디로 인덕이 없는 상이다. 길고 섬세하며 매끄러운 눈썹을 가진 사람은 마음도 곱고 아름답다. 눈썹이 없더라도 잘 그리면 운에 도움이 되는데, 지나치게 검고 두껍게 그리면 고독하고 운이 막힌다. 모나리자처럼 눈썹이 거의 없어도 일생이 고독하기는 마찬가지다. 말년 운이 좋지 않다면, 눈썹의 끝부분을 보완할 필요가 있다. 눈썹꼬리가 너무 처지거나 흩어지지 않고 선명하게 모여야 길상이다. 반대로, 눈썹 끝이 넓게 퍼지면 궁핍하다.

천(눈썹 머리) | 인(눈썹 산) | 지(눈썹 끝)

나는 눈썹을 일컬어 '인생 그래프'라 칭하곤 한다. 눈썹을 삼등분해서 눈썹 머리-눈썹 산-눈썹 끝으로 구분하는데 이 흐름에 인생 서사가 펼쳐져서다. 미두(눈썹 머리)는 눈썹이 시작하는 부분으로 초년의 운, 부모 덕을 보여준다. 미중(눈썹 산)은 사회 활동이 활발한 중년의 시기를 의미한다. 미중이 힘 있게 뻗어 가면 중년 운이 왕성하다. 미미(눈썹 끝)는 끝맺음으로 자기 발달의 결과로 금전 운과 형제의 덕을 살핀다. 관상에서 눈썹은 '형제궁'이라 하여 형제간의 우애를 보는 자리인데, 현대적인 의미로 해석하자면 인간관계, 인복을 보는 자리다. 털이 사이좋게 가지런하고 무지개처럼 곱게 펼쳐지는 눈썹의 길이가 눈을 지나면 형제간에 우애가 좋고 인덕이 많다.

교가미

눈썹 그래프가 이리저리 얽혀 지저분하면 인생이 꼬이는 법이다. 가장 꺼리는 흉상의 눈썹은 교가미다. 우북한 수풀이 마구 헤집어진 형상으로 마치 쑥대밭 같다. 폭력적이고 재산을 날리거나 관재수가 따른다. 본인은 물론 집안 전체에 악운을 미치며 평생 가난하게 홀로 산다. 눈썹이 가지런하게 모여 있지 않으니 형제간에 정이 없는 건 당연지사다.

하루에 한두 번은 거울 앞에서 눈썹을 들여다보는 편이다. 제모한 지 며칠 안 되었는데 눈썹 털이 위로 삐져나오질 않나, 눈두덩이에 개미가 기어가듯 슬금슬금 잔털이 자라난다. 칼이나 족집게를 이용해 뽑아주면, 그 미세한 노력이 금세 표가 나서 눈썹이 말끔해진다. 눈썹 손질은 얼핏 화단 정리와 비슷하다. 잡초는 그때그때 뽑아주고 휑한 부분은 메꾼다. 강풍에 쓰러진 초목이 있다면 가지런히 정돈한다.

거울을 들여다보며 생각했다. 양옆으로 펼쳐진 눈썹이 마치 두 날개 같다고. 운이 날개를 달고 뻗어 나가게 하고 싶다면, 먼 산을 쳐다보기 전에 이마 위 눈썹부터 꾸준히 관리하는 게 바람직하다. 내 손가락으로 운의 그래프를 다듬는 일은 인생 '갑'으로 사는 이의 작은 습관이다.

턱, 말년의 내 모습

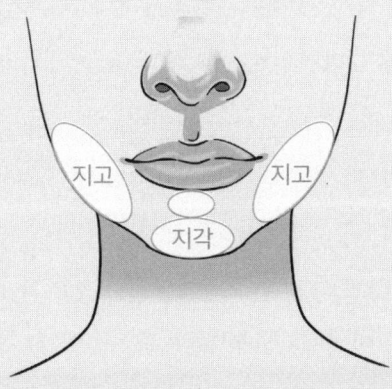

 턱은 얼굴에서 움직임이 가장 큰 부위라 할 수 있다. 눈은 포도알만 한 눈동자를 굴리고, 코는 콧구멍을 몇 밀리미터 벌름거리는 정도가 전부지만, 턱은 어떤가? 수문을 열 듯 턱을 열어야 말이 흘러나오고 지시가 떨어진다. 눈과 코의 미동에 비하면, 턱의 움직임은 방대하다. 관상에서 이마는 하늘이고 턱은 땅이다. 하늘에서 별똥별처럼 떨어지는 운도 중요하지만, 삶의 결실은 땅에서 두 발 딛고 서서 움직여야 거두는 법이다. 그러니 턱은 인생 농사의 수확을 보는 자리다.

'이 사람 재물을 차곡차곡 모아서 집 한 칸은 마련하고 사나?'
'조직에서 높은 자리에 올라가 부하를 거느리고 살까? 아니면 혼자 일할 상인가?'
'자식을 줄줄이 달고 살까?'

얼굴의 가장 아랫부분을 지각地角이라 하는데, 땅의 모퉁이를 뜻한다. 지각은 노년에 지닐 땅과 건물, 주거 공간을 보는 자리다. 얼굴이 옥수수 모양처럼 생겨 지각이 작고 뾰족하다면 말년에 단칸방에 쭈그리고 산다. 지각이 풍만하면 너른 집에 뒹굴뒹굴하며 지낸다. 지각의 양 옆인 옆 턱에는 '말년 재물 창고'가 위치하는데, 관상에서는 지고地庫라 한다. 땅의 곳간이라는 의미다. 이 창고에는 평생 모은 재물과 돈독한 관계를 맺어온 자녀를 포함한 가족, 부하, 지인들이 모여 있다. 땅의 곳간에 살점이 가득하고 하얀빛이 돌면 얼굴에 부티가 흐른다.

"빵빵한 얼굴 말인가요? 호빵처럼."

지고가 풍부한 얼굴을 누군가는 호빵에 빗대기도 한다. 그렇다. 좌우 관골에서 턱으로 떨어지는 윤곽선이 둥글다. 달덩이처럼 환하고 둥근 얼굴이랄까. 이런 유형의 얼굴은 재물과 인덕이 넘쳐 사는 게 윤택하다. 한편 반대 얼굴도 있다. 살가죽과 뼈가 맞붙을 정도로 궁핍하다면, 땅의 창고는 텅 비어서 홀쭉하고 칙칙한 빛을 띤다. 재물도, 따르는 사람도 없는 빈궁 상이다.

나는 턱에서 사람의 기세를 보기도 한다. 언젠가 무대 위에서 턱을 쭉 내밀고 고개를 치켜든 가수를 보았다. 노래하기 전부터 무대를 압도하는 당당함은 내가 최고다라고 말하는 것 같았다. 턱을 아래로 내린 사람은 풀이 죽어 보인다. 등짝에 머리를 쏙 숨기는 거북이처럼 움츠러들 것 같다. '턱을 들고 사나? 내리고 사나?' 스스로 바라볼 필요가 있다. 우리는 몇 센티미터 안 되는 미묘한 높이로 자신의 위치를 스스로 정하고 있다.

턱이 발달한 사람, 평야처럼 널찍하거나 네모나게 각이 진 사람은 활달하고 자존심이 강하다. 해내고야 마는 집념과 끈기가 있어서 불도저처럼 전진한다. 특히 어금니에 힘을 꽉 준 듯한 사각 턱은 의지가 강하고 남에게 지기 싫어해서 무엇이든 이룰 때까지 도전하는 끝판 왕이다. 운동선수라면, 상대가 기진맥진 쓰러질 때까지 드넓은 운동장을 끝없이 누빈다. 하관이 넓은 이의 삶의 지대는 얼마나 광활한가. 군인이 되어 일렬종대로 끝없이 늘어선 부하들을 지휘하기도 한다.

턱이 지나치게 작은 사람의 활동 범위는 작다. 사무실이나 작업실 책상 한 칸 정도에 불과하다. 통솔력이 떨어져서 사업을 하거나 주도적인 역할을 하면 빛을 보기가 어렵다. 높은 사람을 보좌하거나 혼자 일하는 편이 낫다. 언젠가 턱이 가냘픈 30대 남자가 찾아와 물었다.

"강남 한복판에 핸드폰 판매장을 크게 열려는데 괜찮을까요?"

사주도 사주지만 그의 좁다란 턱을 보고 고개를 절레절레했다. 장사하려면 성격이 원만해야 한다. 모름지기 얼굴이 서글서글해서 융통성이 있고 성격도 호탕해야 손님을 끄는 법이다. 고추처럼 생긴 턱에서는 우렁차게 '골라 골라' 할 수 있는 목소리가 나오지 않는다. 한마디로 장사에 어울리지 않는 얼굴인 거다. 턱 끝이 뾰족한 작은 턱의 소유자는 세심하고 예민한 편이라 예술이나 학술, 의약, 기술 계통이 적성에 맞고 그쪽으로 재능이 발달했다.

"큰 매장을 여는 데 드는 돈은 어디서 마련할 계획이었어요?"

내가 물으니 아버지가 퇴직금을 투자하겠다고 했단다. 그는 본래 가전회사 전산실 직원이었는데, 로직처럼 짜인 조직 생활이 맞지 않아 퇴사했다. 부모로서는 백수인 아들이 안쓰러워 장사 밑천이라도 대주고 싶었나 보다. 나는 극구 말렸다. 긴 턱의 소유자는 조직에 속하기보다 단독으로 행동하는 성향이 강하다. 그도 마찬가지였다. 차라리 경력을 살려 웹프로그래머로 프리랜서 활동을 하는 게 나았다. 결혼할 마음은 없는지 물었더니 여유가 없단다. 월세 50만 원 내고 방 두 칸짜리 다가구 주택에서 산다고 했다. 길고 얇은 턱은 지각이 약하므로 주거가 불안정할 수밖에 없다. 소유한 주택이 없거나 이사를 자주 하는 편이다. 그렇다고 뾰족한 턱 때문에 집이나 연애를 포기할 필요는 없다. 늘 강조하지만 관상은 더하기 빼기다. 부족한 부분을 채울 잘생긴 부위가 누구에게나 있는 법이다.

긴 턱과 뾰족한 턱은 구분해야 한다. 턱이 길다는 건 아랫입술 끝에서 턱 끝까지의 길이가 길다는 것이고, 뾰족한 턱은 길이와 상관없이 턱 끝이 뾰족하게 솟은 모양새를 말한다. 턱이 긴 사람은 얕고 좁은 간장 종지처럼 그릇이 작지는 않다. 야박하지 않으며, 온화하고 덕이 많은 편으로 인간성이 좋다. 남을 돕는 걸 좋아하니 복이 쌓여 '땅의 곳간'이 가득 차

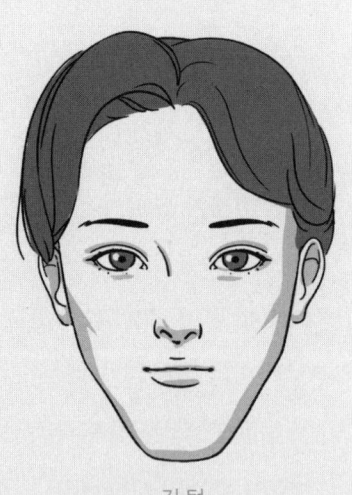

긴 턱

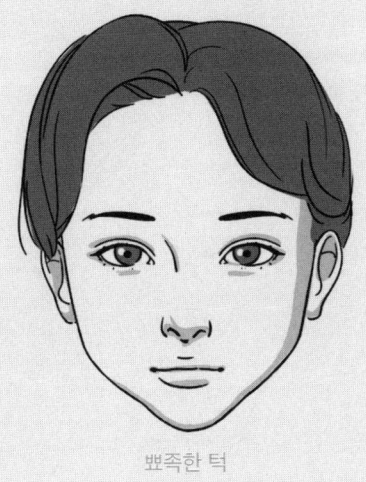
뾰족한 턱

야 하는데, 긴 턱 중에는 메마른 턱이 많다. 이유는 이용을 잘 당해서 그렇다. '한 번만 도와줘. 꼭 은혜 갚을게.' 하는 유혹에 약하거나 유흥을 즐기기도 한다. 금전 관리가 어려우니 재산을 지키기 어려울 수밖에. 길고 가는 턱은 근골이 약해서 체력이 강한 편이 아니다. 지병이 생기니 말년에는 자기 관리에 노력해야 한다.

매부리코에 뾰족한 턱, 표독스러운 인상. 만화영화에 등장하는 마귀할멈의 전형적인 얼굴이다. 턱이 가늘고 지방이 없어 턱 끝이 뾰족하게 솟아 있는 턱을 가진 사람은 자신과 남에게 냉정하다. 날카로운 턱선처럼 예민하고, 이성적이지만 고민이 많아 실행력이 약하다. 뾰족한 턱 주변에는 붙어 있는 사람이 없다. 아랫사람과의 관계가 좋지 못해 고독하며, 빈곤하다. 턱이 뾰족하다면 의식적인 노력을 통해 무르고 유연해질 필요가 있다.

"음. 후덕하네요."

"턱 모양이요? 아니면 성격이요?"

관상을 풀이하다 보면, 한 단어가 턱의 생김새는 물론 그 사람의 성격이나 배포를 고스란히 전하는 경우가 많다. '복스럽다, 날카롭다, 원만하다, 둥글다, 뾰족하다, 좁다, 넓다.' 턱은 그의 성질과 품성을 담은 거푸집이니, 운의 크기를 담은 그릇이라 해도 되겠다. 턱에 오동통하게 살이 붙어 얼굴이 둥글게 보이는 사람은 마음이 넓고 관대하다. 경제관념이 뚜렷해 금전 관리에 능하고 재산을 잘 모으는 편이다. 외모에 선입견을 갖고 싶진 않지만 '생긴 대로 산다'라는 말을 전적으로 부정할 수는 없겠다.

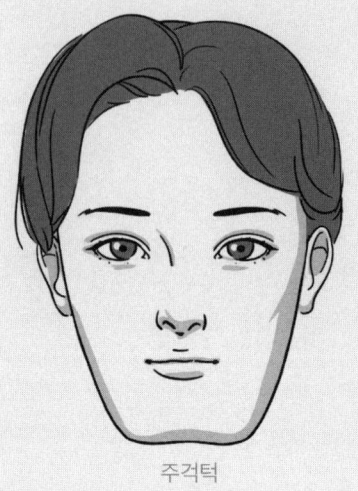

주걱턱

몇 달 전 모임에서 때아닌 주걱턱 논쟁이 벌어졌다.

"턱이 뾰족하게 튀어나온 모양새가 후덕하진 않으니 박복하게 살지 않을까?"

내 옆에서 보고 들은 게 많은 친구가 나름의 관상풀이를 펼쳤다. 그러자 바로 반격이 들어왔다.

"주걱턱 재벌도 있잖아. 소 몇백 마리 끌고 북한으로 갔던 회장님! 주걱턱은 부자 상이야."

여름밤 부어 마시는 맥주 거품처럼 하얗게 일어나는 경쾌한 논전이 벌어졌다. 결국 모두의 시선이 내게로 향했다. 앞턱이 튀어나온 주걱턱은 턱의 제삼지대라 하겠다. 주걱턱을 지닌 사람은 독특한 상인 만큼 개성이 강하고, 근골이 발달한 정력가라 할 수 있다. 주걱턱은 뭔가에 불만이 있어 입을 삐죽이 내민 형상으로 후덕한 것과는 거리가 멀다. 감정 기복이 심해 부하 운이 없을 수밖에 없다. 그런데 주걱턱이라도 뾰족하지 않고 살집이 풍부하면 운이 달라진다. 정력을 발휘해 끈기 있게 일을 추진하니 야망을 갖고 있다면 말년 운도 안정적이다. 살집이 가득하고, 상처나 흠집이 없는 턱을 유지하는 건 연금보험을 든 것이나 다름없다. 안정된 주거 공간에서 외롭지 않은 노년을 보내려면 보험 가입 대신 '땅의 곳간'부터 살피자.

제7부
운명의 나침반을 따라 나아가다

운이 찾아오는 현관

직업 특성상 여러 사람의 내밀한 인생사를 듣다 보면 몸이 찌뿌둥해지고 머리가 무거워질 때가 있다. 이럴 때는 조치가 필요하다. 쫀득쫀득한 문어에 초고추장, 톡 쏘는 소주 한 잔도 좋지만, 더 좋은 건 청소다! 치렁치렁한 머리카락을 질끈 묶고 투지를 불러일으키는 새빨간 고무장갑부터 낀다. 수돗물에 묘약 같은 락스를 풀어 화장실을 닦는다. 마음까지 표백하는 듯한 락스 냄새가 화장실에 퍼지고, 곧이어 세면대에 반질반질 윤이 난다. 후!

고백하건대 아침, 저녁 상담에 매진하느라 바빠서 직접 소매를 걷어 올리고 집 전체를 뒤엎는 날은 드물다. 해가 뜬 하늘에 비가 내리는, 호랑이 장가가는 날처럼 손에 꼽을 정도다. 오늘은 큰맘 먹은 김에 곳곳에 쌓인 먼지를 쓱쓱 닦고 구멍 난 속옷이나 안 입는 옷가지를 처분했다. 마음이 잘 말린 빨래 같이 보송보송해졌다.

청소만 해도 기분이 나아지듯, 공간을 지배하는 에너지와 사람의 기운은 연결되어 있다. '땅 밑에 흐르는 생기_{生氣}를 사람이 접함으로써 복을 얻고 화를 피하자'라는 풍수지리의 기본 원리와 같은 맥락이다. 풍수지리는 삼국시대의 고서_{古書}에만 파묻혀 있지 않고 21세기의 가게와

신혼집 실내장식에도 꿀팁으로 등장한다. 내가 자주 가는 미용실과 정육점, 중국집 입구에는 사람의 얼굴보다 큰 샛노란 해바라기가 호객이라도 하듯 서 있다. 해바라기가 부적처럼 붙어 있다고 해서 '장사가 잘된다'라고 보장할 수는 없지만, 깔끔한 입구와 화사한 꽃은 지나가는 이의 시선을 붙든다. '이런 가게가 있구나. 한번 들어가 볼까?' 호감을 일으켜 매장 안으로 불러들일 수도 있다. 좋은 기운을 부르려면 누구든 그곳에 발을 들이고 싶게 관리하면 된다.

사주가 인생에 고정된 붙박이 기둥이라면 운은 꽃향기를 찾아다니는 벌처럼 부산하게 돌아다니는 것이다. '앉을까 말까? 들어갈까 말까? 같이 일할까 말까?' 하며 윙윙거린다. 공간 상으로 운이 들어오는 통로는 입구다. 매장 입구, 집 안 현관. 그러니 소원 성취를 위해 절을 하거나 기도하기 전에 현관부터 살펴보는 게 바람직하다. 신의 가호와 자비도 이왕이면 맞을 준비가 된 집부터 찾아가므로.

현관은 집의 얼굴로 외부의 기氣가 가장 많이 닿는 공간이다. 보통 창이 없고 통로처럼 좁고 어두워 음의 기운이 강하므로 환한 조명으로 양의 기운을 높여야 길운이 들어온다. 가능하면 센서 등을 달아 사람이 들어올 때는 밝은 기운, 사람이 없을 때는 어두운 기운을 가지면 좋다. 그렇지 않다면 현관에 등을 달아 켜고 끄는 것도 하나의 방법이다.

땅을 뚫고 움트는 식물이 뿜어내는 발산과 상승의 에너지는 현관에 양의 기운을 더한다. 우리 집 현관에는 잎이 무성한 녹보수와 생육이 왕성한 고무나무를 놓았다. 장식용 오브제라기보다 현관에서 키우는 반려 식물로, 잎에 광택이 나도록 닦아주고 빛이나 물 주는 일도 신경 쓰는 편이다. 신발, 우산만 나뒹구는 창고가 아니라 생기 도는 현관으로 가꿔서, 누군가 문을 휙 열고 들어오면 잎사귀가 살랑살랑 흔들며 인사하게 한다.

현관에는 물의 기운을 더하면 좋다. 물에는 흐르는 성질이 있어 현관을 기웃기웃하던 복이 물을 따라 쉽게 흘러들어온다. 현관 근처에 강, 바다 사진이나 그림, 어항을 두는 것도 고려해볼 만하다. 물 꿈을 꾸면 재수가 좋고 재운이 있다는 말도 같은 맥락이다.

나는 20년간 밥공기 크기의 소금 단지를 현관 신발장 한 편에 두었다. 숨이 잘 통하는 항아리에 꽃소금과 굵은 소금을 반 정도 채워 둔 것이다. 소금은 바람과 햇볕이 잘 드는 염전에서 바닷물을 증발시켜 얻은 결정체라서 양의 기운이 많다. 그래서 현관에 두면 액운을 없애고, 좋은 기운을 더한다. 한 달이 지나면 소금을 변기에 흘려버린다. '소금 하나 둔다고 운이 좋아지나요?' 하며 미심쩍어하는 이도 있다. 소금 알갱이가 오즈의 마법 가루처럼 기적을 일으켜 운명을 개척해주지는 않는다. 다만 사주와 관상을 이해하고 풍수지리의 효과를 누리기 위해 운이 트이는 데 더욱 도움이 된다는 의미다.

보름 전 이사한 지인의 집들이에 초대되어 방문했다. (의도한 건 아니지만) 이럴 때도 나는 관상가로서 운의 촉수를 바짝 세운다. 다른 공간은 제쳐두고 현관을 둘러볼 때면 눈동자와 입이 자동으로 움직거린다. 길복을 막는 요소들이 눈에 띄면 그냥 지나치지를 못한다. 지인을 위한 마음에서랄까. 문이 열릴 때 주변을 정화하는 듯한 맑은 종소리가 나를 반겼다. 그런데 입구에 들어서자마자 어수선한 현관 풍경에 나도 덩달아 산만해졌다. 줄줄이 쌓인 신발도 그렇지만 그보다 더 신경 쓰이는 건 바퀴 달린 자전거와 씽씽 카, 롤러스케이트, 유모차였다. 이동의 운을 지닌 제품들이 벽에 기대 있거나 바닥에 나뒹굴고 있었다. 집 안이나 직장 내에서 원치 않는 이동으로 삶이 피곤해질 수 있기에, 바퀴 달린 제품은 되도록 다용도실이나 창고에 두라고 조언했다.

현관에는 거울이 달려 있었는데, 다행히 정면은 아니고 왼쪽이었다. 현관을 열고 들어왔을 때, 거울이 정면에 있으면 운이 들어오다가 거울 표면에 반사되어 튕겨 나갈 수 있다. 거울이 측면에 있는 건 좋았지만, 전신을 비추는 거울이라서 들어오는 기운을 산만하게 만드는 게 흠이었다. 이럴 때는 시트지로 거울의 하단을 가려 상체만 비추는 게 좋다. 아니면 거울을 방으로 옮기는 것도 고려해 보라고 귀띔했다. 신발을 벗고 바닥에 깔린 두툼한 매트에 발을 디뎠다. 따스하고 포근한 기운을 더하긴 했지만, 가지각색의 얼룩덜룩한 문양이 운을 어지럽게 했다. 호피 무늬 옷을 좋아하는 그녀의 취향은 존중하지만, 굳이 현관에까지?

하루의 운은 현관을 통해 드나든다. 나는 역학을 공부하면서 현관문을 주기적으로 닦기 시작했고, 문고리에 걸어 놓은 우유나 비닐봉지도 모조리 치워버렸다. 문에 붙여 놓은 광고지나 스티커도 말끔히 떼어냈다. 집 안에 멋스러운 가구를 들이는 것보다 현관을 잘 가꾸는 것을 가장 중요하게 생각한다. 밝고 깔끔한 현관을 지날 때의 산뜻한 그 기분으로 입구를 여는 순간, 좋은 운이 문 앞에서 당신을 기다리고 있다.

운이 좋아지는 신호

새해를 맞이할 무렵, 방송국 연예 프로그램 섭외 팀에서 전화가 왔다. 나를 포함해서 성명학자, 손금학자 그리고 점술가에게 특정 연예인의 신년 운수를 문의한 것이다. 나는 점이나 주름, 피부색이 선명하게 보이는 A3 크기의 연예인 사진을 건네받았고, 프로그램 PD는 대상자가 처한 상황에 따라 질문을 던졌다.

"이 가수 몇 달째 잠적 중이어서 건강 이상설이 퍼지고 있는데, 신년에는 건강할까요?"

"폭행으로 기소도 되고 여러 가지 구설에 시달리는 중인데, 어떻게 보시나요?"

사진 속 얼굴을 찬찬히 응시하면 그의 운이 읽힌다. 생년월일로 사주팔자를 따져볼 필요도 없이 얼굴에 드러나는 운의 징후들이다. 가장 뚜렷한 징조는 얼굴에 나타나는 색, 기색이다. 기氣는 피부 속에 차 있는 기운이고, 색色은 피부 표면에 드러나는 색깔이다. 기색은 오장육부의 정기가 얼굴에 나타나는 것으로, 얼굴 부위별 색에 따라 길흉을 판단할 수 있다.

60대 원로 가수의 사진을 가까이 들여다보는데, 얼굴 표면이 과거

와는 달리 풍파에 깎여 패인 돌 표면처럼 울퉁불퉁했다. 이마와 볼을 거쳐 턱 끝까지 요철처럼 움푹 들어간 부분이 여기저기 보였고 그런 탓에 얼굴 음영이 짙어 보이기까지 했다. 특히나 수명 운을 보는 명궁(눈썹과 눈썹 사이), 질병과 재앙의 유무를 보는 질액궁(눈과 눈 사이)에는 심한 굴곡이 흉터처럼 남아 있었다.

"음, 올해 건강이 나아지지는 않고요. 오랜 기간 투병할 것으로 보여요. 인기 가수로서 탄탄대로를 달리던 운도 꺼지고 있고요."

다른 역술가들도 나와 비슷한 결론을 내렸다. 유명세를 보는 손금이 끊겼는가 하면, 사주에는 운이 부딪히는 충이 들었다고 했다.

기색은 운기의 상승이나 하락이 얼굴에 드러나는 것으로, 한창 인기 반열에 오른 연예인을 보면 얼굴이 환하며 오악에서 빛이 난다. 이마와 양쪽 관골, 코끝과 턱에 마치 하이라이팅 조명이라도 받은 것처럼 반짝반짝 광채가 돈다. 반면 구설이나 관재에 시달리는 연예인의 얼굴은 그늘이 지거나 어두워지면서 운이 꺼져 가는 징조를 드러낸다. 인간사 새옹지마, 인생의 길흉화복은 날씨처럼 예측하기가 어렵다. 운은 구름처럼 흐르기에, 운의 기류를 살펴야 날벼락을 피하고 돈벼락을 맞을 수 있는 법이다. 아무리 좋은 얼굴 상을 가졌더라도 특정 부위에 색이 나쁘게 나타나면 운기가 빠진 것이기에 때를 기다리는 것이 현명하다.

운의 주기를 알고, 그 흐름에 대비하기 위해 찾아오는 이들을 매일 마주한다. 일반인의 눈으로는 식별하기 어려운 미묘한 기색의 변화를 읽어내야 하므로 관상가의 눈은 현미경처럼 정밀해질 수밖에 없다.

"얼굴을 자세히 보면 명궁이 적색이라 건강이나 사고 수가 생길 수 있어요. 운이 막히는 징조니까 매사 조심하세요."

관상가의 말이 액운을 막는 영험한 부적이 될 순 없지만, 그의 안위를 위한 조력이 될 수는 있다. 내 말을 듣고 사람들은 불필요한 말을 삼가는가 하면 이동을 줄이며 몸을 사린다. 그러다 보면 교통사고가 날 법한 일을 방바닥에서 가볍게 미끄러지는 일로 액땜하게 된다.

한번은 아파트 분양으로 부동산 투자를 하려는 이가 찾아왔다. 전택궁(눈두덩이) 자리가 넓고 두툼해 부동산 운이 좋은 관상이었지만, 당시에는 어두운 빛이 감돌았다. 큰 손해를 입어 주거가 불안해질 우려가 커서 때가 아니라고 만류했다. 얼굴의 특정 부위가 어두우면, 해당 부위의 운에 짙은 먹구름이 끼었다는 신호다. 가령 눈썹 위에 있는 복덕궁이 흑색이면 금전 운이 막히는 것이니 투자나 지출을 조심해야 한다. 사회적 활동과 관련된 법령(팔자 주름)이 어두워지면 직업에 큰 변화를 겪거나 일과 관련한 법률 소송에 휘말릴 수 있다. 턱이 검은빛이면 말년이 고독하다.

적색은 건강의 적신호나 하는 일에 있어 손해가 있음을 암시한다. 코 밑 인중이 적색이면 자궁에 문제가 생긴 것이고, 전택궁에 적색이 비치면 상속 문제로 부모, 형제간에 분쟁과 소송이 일어난다. 양쪽 콧방울에 난 붉은 점은 어떨까? 금고와 열쇠에 붉은 반점이 생긴 격으로 일에 큰 손해를 보게 되는 징조이다. 얼굴 부위별로 관장하는 운을 알고 있다면, 기색의 변화를 읽고 어느 정도는 대비할 수 있다.

운이 변할 때는 얼굴빛부터 바뀌므로 거울로 안색을 자주 관찰하는 것이 중요하다. 얼굴이 까무잡잡한 사람에게 길운이 다가올 때, 그의 얼굴은 새벽 동이 트듯 밝아지면서 환하게 빛이 돈다. '무슨 좋은 일 있나 봐. 얼굴에서 윤이 나는데.' 하고 주변에서 알아볼 정도다. 피부가 원래

하얀 사람은 얼굴에 연분홍빛 화색이 돌면서 오악이 환하게 빛난다. 운의 성채를 받으면 얼굴이 환해지는 것은 물론 변화의 조짐이 나타난다. 뭉게구름처럼 서서히 다가오거나 움튼 새싹처럼 작게 불쑥 나타나는 편이다. 예를 들자면, 길을 걷거나 샤워를 하거나, 혹은 이불에 누웠는데 아이디어가 섬광처럼 번뜩이는 거다.

"오! 바로 이거야. 이거 되겠는데. 한번 해 보자!"

윤활유라도 바른 것처럼 두뇌가 활발하게 돌아간다. 스티브 잡스는 사과 농장을 방문한 이후, 친근하고 활기찬 사과 이미지를 떠올려 '애플'이라는 기업명을 떠올렸다.

"사과? 회사 이름이 사과?"

"사과 컴퓨터. 지루하지 않고 재밌잖아. 온전한 과일 형태면 청과물 회사처럼 보이니까, 한 입 깨문 사과가 낫겠다. 사과라는 걸 확실하게 보여줘야지."

아이디어가 솟구칠 때는 사소한 거라도 흘려버리지 말고 기록으로 남겨 두어야 한다. 개미가 나뭇잎 밑에 알곡을 저장하듯이 차곡차곡 쌓아두는 거다. 몰려오는 운의 기류를 타고 나아갈 때, 그 아이디어는 삶을 구체화시키는 밑거름이 된다.

운이 상승할 때는 새로운 인연이나 호인 또는 조력자가 등장하기 마련이다. 호흡이 잘 맞는 동료나 상사를 만나는가 하면, 같이 일하자고 손 내밀어 악수하는 이가 찾아오기도 한다. 이때 그릇이 작은 사람은 '내가 호감형의 사람이 되어 가고 있나?'라며 으쓱거릴지도 모른다. 칭찬이 잦아지는 건 운이 좋아지는 신호이지만, 설레발치면 운이 되레 달아날 수 있으니 혼자서만 조용히 기뻐하자.

운은 출렁거리는 습성이 있다. 바닥을 치고 난 후 반동으로 올라오는 가 하면 치솟다가 내려앉기도 한다. 시냇물 흐르듯 잔잔하게 지나가는 인생도 있지만, 기복에 차이가 있을 뿐 누구나 길흉화복의 순환 속에서 살아간다. 고비의 악삼재를 통과한 후, 운이 트이는 시기에는 변화의 기운이 오기 마련이니, 이때는 반등하는 운의 기세를 따라 움츠리지 말고 적극적으로 앞으로 나아가야 한다.

"네, 제가 해보겠습니다!"

"네, 저도 참여하겠습니다!"

의지와 포부로 윈드서핑하듯 운의 파도를 타고 전진하는 거다.

10년 전 회사를 그만두고 싶어 하는 40대 남성이 찾아온 적이 있었다. 일이 고역스러워도 참으라고 했다. 3년 가까이 땅속에 묻혀 유충으로 사는 매미처럼 고개 숙이고 책상에 고스란히 붙어 있으라고 했다. (회사에는 미안하지만) 월급 받는 만큼만 일하면서 버티라고 했다. 그때 직장을 그만두면 그 후에는 악삼재가 들이닥쳐 운이 쉽게 풀리지 않을 것이었다. 경력이 단절되어 재취업이 어려울 터인데, 40대 초반 나이에 수년을 일 없이 살아야 하는 건 여간 곤란한 일이 아닐 수 없다. 자신뿐만 아니라, 둥지 위로 머리를 내민 채 입을 쫙 벌리고 있는 아기 새 같은 아이들도 곁에 있지 않은가. 그런데 그는 참지 못하고 아내와 상의도 없이 직장을 그만두고 말았다. 쌓아둔 경력 있겠다, 회사 내에서 평판도 좋았겠다, 두어 달 정도면 현관 문턱 넘듯 가뿐하게 재취업이 이뤄질 줄 알았다. 재취업까지 두어 달을 예상했는데, 3년 반을 일 없이 지냈다. 채용 시장에서 허우적거리다 이대로는 안 되겠다 싶어 전전긍긍 어디든 일단 들어갔는데, 일하다 보니 아닌 건 또 아닌 거다. 몇 개월 일하다 그만두기를 5~6년 반복하자 사는 처지가 곤궁에 빠져들었고, 궁합이 좋은 아내와도 이혼하게 되었다.

운의 흐름을 아는 건 여행 가기 전에 현지 일기예보를 듣고 지도를 펼쳐보는 것과 다름없다. 부화하는 새처럼 껍질을 부수고 새로운 세계로 부딪혀 나아가야 하는 때가 있는가 하면, 가을 열매처럼 현재 자리에서 묵묵히 영글어 가야 할 때가 있는 법이다. 운의 주기를 알기 위해서는 거울로 자기 관찰을 하며 찰색의 미묘한 변화를 읽거나, 9년마다 돌아오는 삼재의 주기를 아는 것도 도움이 된다. 누구에게나 다가오는 길운을 잡을 것인가 놓칠 것인가. 운의 신호를 알기 위해 찾아온 이의 얼굴을 오늘도 살피며 이 글을 쓴다.

삼재, 고난을 넘는 법

삼재는 마른하늘에 날벼락과도 같다. 어디서 어떻게 튀어나올지 모른다. 길고양이처럼 살금살금 다가오다가 발자국도 없이 사라져버린다. 좀 거친 삼재도 있다. 술 취한 이의 차량 속에 있다가 한밤중에 도로를 건널 때 몸을 덮치거나 가면을 쓰고 위장했다가 뒤통수를 치기도 한다. 선량한 사람의 행색을 하고 나타나 사기를 치거나, 보증 사고를 당하게 하는 식이다. 삼재 가운데 가장 흔한 건 마음에 불을 던지는 삼재다.

지인 A는 평소 조용하고 평화로운 사람이었다. 마트 신발 매장에서 판매원으로 일하다가 어느 날 오만무례한 고객과 마주했다.

"맘에 안 들어. 신발이 이게 다야?"

영업하다 보면 품위 있는 고객만 만날 수 있나. 어중이떠중이 상대하면서 흘릴 것은 흘리고 봄바람처럼 부드럽게 일하던 그였지만, 그날따라 그의 내부에서 괴물이 날뛰듯 분노가 솟구쳤다. 서로 멱살을 잡고 흔들다가 흥분한 A는 주먹으로 상대의 얼굴을 날려버렸다. 이빨이 우수수 나가버린 손님은 그를 신고했고, A는 실형을 받고 감옥에서 삼재를 보내야 했다. 삼재를 대비해서 할 수 있는 최선은 화를 참는 거다. 불에 부채질하듯 화가 일어나는 시기라 쉽진 않지만, 어찌 보면 가장 쉬운 대비책이다. 의지와 노력으로 삼재를 피해갈 수 있다는 면에서.

가족 중 한 명이 삼재면 집에서 우당탕 소리가 난다. 반찬이 맛없다고 자녀가 숟가락을 턱 내려놓질 않나, 너 때문에 이 모양으로 산다면서 부부간 대화가 격해진다. 부부가 동시에 삼재라면 불에 기름을 들이붓는 격이다. 옥신각신하던 말다툼이 큰 싸움으로 번진다. 언성을 높이다 등을 돌리고 각방을 쓰다가 결국 이혼 각서에 도장을 찍는다. 삼재의 저주에서 풀려날 무렵이 되어서야 왜 그랬나 싶다.

"싸우시려면 차라리 운동장에 나가서 싸우세요."

다툼이 잦은 부부에게 하는 말이다. 집 안에 큰 소리가 나면 운은 현관 앞을 서성이다 발걸음을 돌리고 만다.

화는 사나운 짐승 같다. 골목으로 몰아서 제압하려 할수록 달려들어 피를 부르고 만다. 화를 제압하는 건 킹콩 같은 몸집이나 쩌렁쩌렁한 목소리가 아니라 마음의 평정이다. 누군가 내게 화를 냈을 때, 화가 나의 내부에 침범하지 않도록 마음을 방어하는 게 최우선이다. 내가 잠잠하면, 화는 머리를 긁적이다 갸우뚱거린다. '어? 소리 지르고 달려들 줄 알았는데 반응이 없네. 내가 안 무서운가?' 머쓱해 하다가 가버리고 만다.

몇 년 전 고등학생 아들을 데리고 온 부모에게 일러두었다.

"사고 수가 있어요. 상해를 가하거나 당할 수 있으니 조심하세요."

아들은 날 삼재의 시기였다. 삼재는 들 삼재와 눌 삼재와 날 삼재로 나뉜다. 첫해는 삼재가 들어온다 해서 들 삼재. 두 번째 해는 눌러 있으니 눌 삼재. 세 번째 해에는 나가니 날 삼재라 한다. '드는 삼재보다 나가는 삼재가 더 좋지 않다'고들 한다. 아들은 괴물처럼 꿈틀대는 마음의 정동을 어찌할 줄 몰라 패싸움에 가담했고, 혀 일부를 잃었다. 수술로 몇 달 만에 회복되긴 했지만, 예전처럼 정확하게 발음할 수 없게 되었다. 홍수 때는 집에 머물고 침수 지역 근처에 가지 않듯이, 폭풍 같은 삼재가 운을 통과하는 시기에는 될 수 있으면 활동량을 줄이는 게 좋다.

다행인 건 삼재가 느닷없이 오지는 않아서 미리 예측할 수 있다는 사실이다. 지구는 매 해마다 태양을 돌고 달은 매 월마다 지구를 돈다. 운은 우주의 순환에 따라 움직이며, 생년월일의 십이간지에 따라 12년 단위로 돌고 돈다. 오르락내리락 물결치는 운의 흐름에 따라 삼재三災는 찾아오고 그 주기는 9년이다. 띠별로 삼재 해가 구분이 되니 포털 사이트 검색만으로 자신의 삼재 해를 쉽게 찾을 수 있다. 재앙이 다가오는 악 삼재가 있는가 하면, 대운도 같이 들어 있는 복 삼재도 있다. 복 삼재 때에는 웃음 지을 일이 많은데, 애인이 생기거나 사업이 번창하기도 한다.

땅은 비 온 뒤에 굳어지는 법이다. 출렁거리는 운의 파도는 바닥을 내리친 뒤 다시 솟아오르려 한다. 삼재라 하더라도 화를 다스리고 행동을 바로 한다면, 힘든 순간이 자아 성찰과 전화위복의 계기가 되어 운이 나아진다. 운의 자기장은 늘 겸손하고 몸가짐을 바로 하는 이에게 자석처럼 끌려가기에 그러하다.

사기의 표적

사기꾼의 올무에 걸려들어 재산을 잃은 사람들이 한결같이 토로하는 말이 있다.

"처음에는 그럴 줄 몰랐죠. 웃는 얼굴이 얼마나 다정했는데요."

나이가 들수록 무서운 건 호환 마마나 전쟁, 불량 비디오테이프가 아니라 사람인 듯싶다. 사기를 여러 번 당한 이가 지푸라기라도 잡는 심정으로 물었다. 사기꾼의 얼굴은 어떤 모습이냐고. 그 물음에 정답은 없다. 지명수배자 몽타주 그리듯 사기꾼의 얼굴을 이목구비 하나하나 묘사할 수는 없다. 소도둑놈처럼 생겼어도 마음이 인자한 사람이 있는가 하면, 보살의 얼굴을 한 채 극악무도한 행동을 하는 이도 있으니까. 습관적으로 남을 속여 이득을 꾀하는 건 생김새보다 기질의 문제다. 기질은 태어날 때부터 지닌 성질에 가깝다. 거북이는 알에서 깨어날 때부터 느리고 쥐는 약삭빠르다. 나무늘보는 늘어지게 자고, 일벌은 벌집 공사하느라 윙윙거린다. 모두 타고난 습성이다.

기질은 겉으로 드러나는 걸음걸이나 안면 근육의 움직임, 표정이나 말투로 파악할 수 있다. 눈썹의 경우 모나리자처럼 숱이 전혀 없는 사람, 눈썹 털 하나하나를 초목이라 한다면 불모지에 가까운 사람은 자기 주장이 강하다. 수풀이 우거지듯 타인과 어우러지기보다는 자기만을 드러내는 언변을 구사한다. 호언장담하며 말로 뻥튀기하는 데 선수다.

"나만 믿어. 500만 원만 투자하면 10배 수익이라니까."

허세로 천리장성을 쌓는 데는 탁월하지만 일의 끝맺음이 명확하지 않다. 어디 붙어 있는지 알 수 없는 눈썹꼬리처럼 일 처리가 흐릿하다. 일을 끝까지 견디어 내고 끌고 가는 힘이 약해 중요한 순간에 배신할 가능성이 크다.

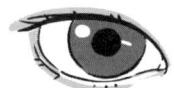 

사람의 정신세계를 드러내는 눈은 어떨까? 양쪽 눈의 크기가 다른 자웅 안을 가진 사람은 주의 깊게 볼 필요가 있다. 짝눈을 지닌 사람은 한쪽 눈을 찡긋하며 무언가를 포착하거나 머릿속을 굴리는 듯한 인상을 풍긴다.

"이 사람은 외로우니까 친절하게 대하면 쉽게 넘어오겠다."

"가만있어 봐, 누구한테 잘 보여야 내가 사장이 되지?"

그의 두뇌는 주야장천 돌아가는 공장으로 회전이 빠르다.

"이때다. 한몫 챙기고 빠지는 거야."

이득인지, 손해인지 판단이 빨라 재물과 가까운 직업에 어울린다. 게다가 새로운 걸 만드는 데 능란한 재주까지 있어 연극이나 음악, 미술 등 예술 분야에서도 두각을 나타낸다. 청산유수처럼 막힘없는 말로 인기가 많은 건 당연지사다. 이를 이용해 음험한 일을 꾸미는 꾀가 많은 관상이다. 자기 잇속을 챙기는 데에만 능하므로 이런 자가 관직의 자리에 오르면 탐관오리가 되어 횡포를 부리기 십상이다. 빠른 두뇌 회전과 타고난 창의적 기질을 어떻게 활용하느냐에 따라 자웅 안을 지닌 자의 운명은 갈린다.

눈은 의식의 표면이기에 눈을 들여다보면 그의 속마음이 보인다. 시선을 피하거나 눈을 감고 말하는 사람은 일명 철면피로 미덥지 못하다. '음, 꿍꿍이가 있구나.' 하고 감을 잡아야 한다. 음흉한 속셈을 지닌 채 상대 마음의 담을 몰래 넘어 지갑을 열게 하고 도장을 찍게 하는 건 순식간이므로.

기회주의자는 무언가를 찾기라도 하듯 눈동자를 이리저리 굴리거나 눈을 위아래로 흘리는 편이다. 작은 회사를 운영하는 지인은 눈을 흘기는 사람을 경리 직원으로 두었다가 반년 만에 해고했다. 일주일에 세 번은 지각했는데, 흉한 벌레 모로 긴다고 30~40분 늦게 출근하자마자 푸념부터 늘어놓기 일쑤였다.

"지하철에 사람이 어찌나 많은지 가까스로 빠져나왔어요."

"지하철이 늦게 와서 애를 먹었어요."

그녀는 자리를 자주 비웠고 일 처리도 야무지지 못했다. 동료들이 고충을 털어놓았고 경고를 받기도 했지만 꿈틀하지도 않았다. 하나를 보면 열을 안다고 지각은 문틈에 한 치 삐져나온 여우 꼬리에 불과했다. 매달 우편 비용으로 받아 쓰던 몇십만 원의 경비가 영수증 없이 불투명하게 사라지면서 그녀는 해고됐다. 그 뒤에도 반성은커녕 불만을 토로했던 직원에게 언성을 높여 회사는 한동안 시끌시끌했다.

눈동자만큼 그의 심중을 드러내는 건 입이다. 입술은 모름지기 위,

아래가 똑같이 두텁고 반듯해야 좋은 상이다. 윗입술과 비교해 아랫입술이 크고 튀어나온 사람은 탐욕스럽고 얻어먹으려는 성향이 강하다. 나무에서 어쩌다 떨어지는 열매라도 건질까 싶어 입을 쭉 내밀고 있는 형상이 아닌가. 반대로 윗입술이 어디에 붙어 있는지도 모르게 너무 얇거나 작은 사람은 재물을 잘 지키지 못한다. 입술은 재물을 쌓는 곳간인데, 곳간의 문이 견고하지 못해 사기를 당하기 쉽고, 부모나 형제로부터 돈이 술술 새기 쉽다.

얼굴 부위에서 인간의 원초적 욕구와 가장 가까운 부위는 어디일까? 단연코 입이다. '아' 하고 입을 벌려 먹고픈 음식을 맛보고, 하고픈 말을 내뱉게 돕는 부위다. 입술을 열어 억누를 수 없는 감정과 충동을 풀어놓는다. 언젠가 동물 다큐멘터리에서 아프리카 밀림에 사는 늑대를 본 적이 있다. 벌건 눈도 눈이지만 내 시선을 사로잡은 건 입이었다. 새 떼 앞에서 침을 뚝뚝 흘리며 혀를 움직여 입맛을 다시는 모습이 사람으로 치자면 입술을 자주 핥거나 이빨로 아랫입술을 자주 깨무는 격이었다. 혹여나 당신 앞에서 그런 입 모양을 하는 이가 있다면 거리를 두어라.

관상에서 두 입술이 강이 흐르듯 반듯해야 한다고 말하는 건 입 모양이 심성과도 관련이 있어서다. 입이 비뚤어진 자는 심성도 비뚤어졌다. 꿍꿍이를 갖고 있어 뒤통수치기 쉽다. 100만 원을 뻥튀기해 100억이라 한다거나, 콩을 팥이라 우긴다. '입은 삐뚤어졌어도 말은 바로 하라'는 속담이 있지만, 비뚤어진 입에서 바른말이 나오는 건 울퉁불퉁한 자로 곧은 선을 그으라는 것과 마찬가지다.

"너 왜 입을 삐죽이는 거야? 불만 있으면 말해 봐."

"엄마, 오늘 놀러 가기로 했는데 약속 안 지켰잖아요."

친구의 아들은 불만이 쌓이면 입술부터 비튼다. 무언가 자신을 언짢게 했다는 묵언의 표시를 하다가 마지막에 입을 열어 씩씩거리며 속내를 드러낸다. 비뚤어진 입술은 마음에도 삐딱선을 긋는다. 일이나 관계에서 보자면, 경로를 이탈해 일을 틀어지게 하거나 뒤통수치는 유형이라 할 수 있다.

사기꾼, 배신자는 '오오, 지금은 여기에 붙어야겠다.' 하며 순간적으로 판단해 행동하는 감각이 날렵하다. 그러한 기질을 턱으로 형상화한다면 뾰족한 턱이라 하겠다. 갸름하다 못해 처마 끝 고드름처럼 찌를 듯이 가파르고 날카롭게 내려오는 턱이다. 함몰된 턱을 가진 사람은 생각의 전환이 날렵해 위기 상황이 찾아오면 바로 배반한다. 성격 자체가 변덕스럽고 의지가 약해서 밑에 사람이 없는 고독한 상이다.

반대로 사기를 당하는 이의 관상은 어떨까? 타인의 허풍이 쉽게 뚫고 들어갈 구멍이 보인다. 늘 벌어져 있는 입술은 남에 대한 의심이 적고 꼼꼼하지 못한 성향이다. 주관이 뚜렷하지 못해 타인에게 의존하다 보니 사기를 당하기 쉽다. 입을 굳게 다물고 있는 것만으로 속임수에서 벗어나 운이 좋아질 수 있다. 치아는 예전부터 오복의 하나라 하였는데, 앞니가 벌어지면 그 사이로 복이 줄줄 샌다. 필요 이상 밖으로 빠져나가는 에너지로 인해 타인에게 사기를 당하기 쉽다. 뒤틀린 앞니를 지닌 사람은 삶의 질서도 비틀려 여러 사람에게 이용당하는 대상으로 지목될 수 있으므로 치아 교정을 고려할 필요가 있다.

자신을 지키려면 사람을 분별할 수 있어야 한다. 무턱대고 타인을 경계하며 자기 고립을 자초할 필요는 없지만, 마음에 빗장은 적당히 걸어

두어야 한다. 감언이설에 귀가 솔깃해 집이 넘어가고 삶이 무너지는 건 복구 기간이 오래 걸리는 대형 사고가 아닌가. 시간보다 앞선 말은 덫 앞에 놓인 사탕이다. 사람의 본질은 말이나 번지르르한 외모가 아니라 행동에 있기에, 그의 실체를 어느 정도 파악한 뒤에 마음의 빗장을 풀어도 늦지 않다. 실체와 실체가 만나야 뭐가 되어도 되는 법이다. 끝까지 같이 갈 사람은 소리 없이 실행하는 사람이다.

심리 지배

"원장님, 우리 엄마 안됐어요. 근데 이해 불가예요. 몸도 힘들고 돈도 없다는데…."

엄마와 함께 온 중학생 승미는 앉자마자 시무룩한 표정으로 말을 쏟아냈다. 발육이 한창이고, 떨어지는 낙엽만 봐도 '호호호' 웃는다는 10대 소녀가 생의 길흉화복을 알고자 나를 찾아올 리는 없다. 사는 게 답답하기도 하고, 무엇보다 옆의 엄마를 걱정하는 눈치였다. 엄마는 승미에게 유일한 가족이다. 부모는 승미가 열 살 때 갈라섰다. 법적으로 이혼한 상태이지만 현재는 같이 살고 있다. 잔 불씨 같은 애정이라도 남아서 다시 합친 거냐고 물으니 그건 아니란다. 합칠 마음은 머리카락 한 올만큼도 없는데 같이 살게 되었단다. 그렇다면 남과의 동침이 아닌가? 가족도 아니고 지인이라 말하기도 뭐한, 말 그대로 남과의 동침.

승미가 다섯 살 때 아빠는 직장을 그만두었고, 느슨하게 풀어진 삶이 주는 허무를 화투판에서 채웠다. 원 고, 투 고, 쓰리 고를 신나게 외치다가 빚이 늘어났다. 승미 엄마는 조리원 일에, 살림에, 빚까지 갚느라 짐짝에 눌린 것처럼 허리가 휘었다. 몸이 곯고 돈이 새고 마음이 썩어가는 마당에 백년가약을 지키고 사는 건 자신이 밑바닥까지 분해되는 일이었다. '가난이 앞문으로 들어오면 사랑이 뒷문으로 나간다'라고 했던가. 생활고는 두 사람의 마음을 가르더니 몸까지 갈라놓았다. 그리고 이혼 서류에 도장을 찍었다.

"결별 후에 왜 다시 만난 건가요?"

의아해하며 묻자 승미 엄마가 답했다.

"딸을 볼 겸 가끔 집에 왔죠. 왔으니까 밥을 먹었고요. 그렇게 자연스럽게 왕래하게 됐죠."

한 번 가장은 영원한 가장인 건가. 혼인이 파기되고 미련도 없지만, 피붙이의 친부에게 한 끼 차려주는 건 당연하다는 건가. 밥상에 숟가락 한 개만 얹는 간단한 일은 아닌데.

발단은 남편에게 뇌출혈이 일어나면서 시작되었다.

"글쎄, 얼마나 딱해 이혼은 했지만 그래도 애 아빠잖아. 승미 엄마가 잘 좀 챙겨. 미운 정도 정이지 않아?"

잘~ 챙겨 달라. 옛 남편과 남의 경계를 가볍게 넘어가는 말에 승미 엄마가 홀딱 넘어갔다. 측은지심이 일었다. 허옇고 마른 몰골로 찾아온 그에게 죽을 끓여 대접했다. 애를 보면 힘이 난다기에, 그러면 자주 오라 했더니 오가는 게 번거로울 정도로 방문이 빈번해져 모녀 사는 집에 몸만 쏙 들어와 살기 시작했다. 동의를 구했다기보다 봄에서 여름이 오듯 그냥 그렇게 되어버렸다. 투병 중이라 입원과 수술과 간호가 필요했고, 몇천만 원의 병원비가 필요했다. 모두가 다 그녀의 몫이 되었다. 의무이자 책임이었다. 그의 부모나 형제는 뒷짐만 진 채 떠넘기다가 그녀가 무슨 말이라도 할 것 같으면 의리, 천륜, 정, 생부, 측은지심을 내세워 그녀를 길들였다. 핏줄은 찢어버리면 그만인 계약서보다 질긴 것이니,

어차피 다른 남자와 재혼할 생각이 없다면 일부종사의 정신으로 마음을 곱게 써야 복을 받는다고 우기면서.

강요나 다름없는 훈계에 반기를 든 건 엄마가 아니라 승미였다.

"엄마 이건 아니지. 간호하느라 조리원 근무도 안 한 지 4개월째잖아. 우린 뭐 먹고 사냐고. 나 학교 끝나고 서빙 아르바이트라도 해야 하는 거야?"

중학생 승미는 가족, 그러니까 엄마와 자신의 앞날이 걱정되었다. 연기자가 되고 싶어서 오디션도 보고, 대본 연습을 하다가도 죄책감이 들었다. 통장 잔액이 바닥나는데 내가 꿈을 꿔도 되는 건가, 싶었던 거다. 가정을 소홀히 했던 아빠가 아무렇지 않게 병든 몸뚱이를 엄마 손에 맡기면서 엄마의 삶이 근저당 잡히자 울화가 치밀기 시작했다. 그 꼴이 보기 싫었던 승미는 방을 따로 얻어 나가버렸다. 엄마는 딸의 만류에도 망부석처럼 꿈쩍도 하지 않았다. 시댁 식구의 교리 같은 말을 스펀지처럼 온몸으로 흡수하면서 생활이 엉망이 되고 가계가 가라앉아도 알아채지 못했다. 이번에는 나도 가세했다.

"이건 심리 지배(심리적 학대)나 다름없어요. 안타까운 마음에 도울 수는 있지만, 투병을 전적으로 어머니가 책임져야 한다는 건 억지예요. 그 집 사람들은 손 놓고 있잖아요."

아무리 말해도 그녀는 무언가에 묶인 사람처럼 요지부동이었다.

후, 하고 한숨이 나올 만큼 답답해져 가슴을 두드렸다. 타인에게 휘둘려 스스로 소모되면서도 알아차리지 못하는 상황이었다. 독가스 같은 해로운 말을 여과 없이 흡수하면서 판단이 흐려져 잘못된 길로 들어선 거다. 상대가 그저 나이가 많거나 지위가 높아서, 힘이 세고 목소리가 커서, 나보다 똑똑한 것 같아서 따를 뿐 논리적 근거는 없었다.

기골이 크고 목소리가 쩌렁쩌렁한 이가 내 주변에 있다. 말투는 단정적인 편이고, 대화하다 보면 의도한 건 아니지만 주변 사람을 은근 조종하고 있다. 듣다 보면 '왜 이리 확신에 찬 거지? 이 사람 뭐 좀 아나 봐, 근거가 있나 봐.' 싶은 거다.

"너는 가족 중에 아픈 사람이 있어서 결혼하기 어려울 거다."

"주식? 소심한 애가 무슨 주식이야. 넌 안 돼."

그의 말을 듣다 보면 '혹시 신내림이라도 받은 건가요?'라고 되묻고 싶다. 사랑은 논리라기보다 예측 불가능한 시나리오에 가깝다. 혼자가 편하다는 이가 느닷없이 청첩장을 보내는가 하면, 궁합이 좋은 부부가 이혼하기도 하니까. 주식은 어떤가? 꼼꼼하고 소심한 친구가 소액 안정 투자로 장기 이득을 보는 경우를 봤다. 주식은 꾸준한 경제 공부와 시장 이해가 관건이지 성격의 문제는 아니다.

운을 파괴하는 사람은 대부분 같이 사는 가족이나 친지, 가까운 지인이다. 경계 태세랄 게 없이 방어막이 뚫린 셈이다. 드넓은 아프리카 초원에서는 동물들이 위협을 가하는 대상을 빠르게 인식하고 피해버린다. 저 멀리 지평선 위로 드러나는 치타의 흐릿흐릿한 실루엣을 보고 줄행랑치는 톰슨가젤을 떠올려보라. 반면 심리 지배의 경우에는 얼굴을 마주하고, 살이 부대끼는 생활 속에서 일어난다. 집에서는 부모, 학교에서는 선생님, 직장에서는 상사나 선배, 나아가 동등한 관계의 부부나 친구, 연인에 이르기까지 가해자는 벗어날 수 없는 근접 거리에 있다. 세상을 위협하는 전염병으로부터 나를 지키려면 항체가 필요하듯, 심리 지배에 넘어가지 않으려면 그에 대응하는 항체, 주관이 필요하다. 자신의 견해와 관점을 뚜렷이 하려는 노력과 '무엇이 옳은가?'에 대해 스스로 답을 찾는 게 관건이다.

　주관이 뚜렷한 사람, 즉 자신만의 견해와 관점이 명확한 사람에게는 남다른 인상이 있다. 눈빛이 흐리멍덩하지 않고 선명해서 반짝거린다. 새까만 동공과 눈처럼 하얀 흰자위가 대비된다. 무엇과 섞이지 않은 순연한 눈빛은 깜깜한 밤길의 자동차 헤드라이트처럼 분명하게 상황을 분별하며 앞가림한다. 귀는 두꺼운 편으로 찌그러지거나 접힌 부분 없이 매끈해 모양이 뚜렷하다. 입은 벙긋벙긋하는 물고기처럼 작지 않다. 크고 적당히 두툼하며 입술 끝이 올라가 있어 야무지다. 법령이 뚜렷하며 목이 곧고 풍부하다.

　1990년대 코미디 프로그램에 '음매 기죽어. 음매 기 살아.' 하던 순악질 여사가 떠오른다. 검정 테이프를 붙인 듯 굵고 직선적인 일자 눈썹에, 그릇 깨지는 까랑까랑한 소리를 내던 순악질 여사는 툭하면 야구방망이를 휘저으며 으르렁댔다. 배꼽 빠질 듯 웃다가도 나는 그녀의 모습에서 일종의 투지를 느꼈다. 가부장 사회. 남자가 가족에 대해 절대적 권력을 지닌 사회에 굴하지 않는 주체자의 투지랄까. 굴하지 않고 자기 목소리를 크게 내는 순악질 여사 정도라면 누구를 상대하든 심리 지배는 당하지 않을 것 같다.

얼굴로 불운을 다스리는 법

'닭이 먼저냐 달걀이 먼저냐' 하는 식의 질문을 받을 때가 있다. 관상이 좋아서 복을 누리고 사는 건지, 타고난 운수가 대통해서 관상이 좋은 건지, 하는 물음이다. 둘 다 맞는 얘기다. 인상이 좋으면 인복이 따르기에 운이 열리고, 반대로 운수가 대통해서 일이 술술 풀리면 얼굴이 펴지는 것도 사실이다. 관상과 운은 '니가 웃으면 나도 좋아' 하는 노래 가사처럼 선순환 속에 공명하는 사이다.

"저는 얼굴이 흉하게 생겨서 박복하게 살 팔자입니다. 운이 좋아질 수 있을까요?"

이 질문에도 같은 원리가 적용된다. 흉한 관상을 보완하거나, 찌그러진 얼굴이 펴질 만큼 마음을 다스리면 운이 나아진다. 막힌 수로가 뚫려 물이 콸콸 쏟아지듯이 운이 트이는 거다. 원석을 닦고 또 닦듯이 관상과 심상을 꾸준히 정제하면, 운은 보석처럼 반짝이기 시작한다. 열 평 남짓한 반지하에서 네 식구가 살다가 삼십 평 자가를 얻어서 이사한 사람, 또 한강 다리에서 뛰어내릴까 고민하다가 생명을 구하는 의사가 된 사람의 변화는 어디에서부터 시작되었을까? 관상가의 보약 같은 말을 내부에 흡수하면서부터, 순간의 불운에 휩쓸리지 않고 운의 때를 기다리는 마음에서부터, 그리고 거울 앞에서 시작되었다. 민둥한 눈썹을 채우거나 입꼬리를 올려 웃으면서, 얇은 윗입술을 예전보다 몇 밀리미터 두껍게 칠하면서, 인상을 덜 쓰면서 주름이 펴지듯 인생이 펴진 거다.

영어를 익히려면 a, b, c, d부터 익혀야 하듯이 관상이 좋아지려면 나름의 순서가 있다. 가장 먼저 자기 관찰이 우선이다. 거울 앞에 서서 머리부터 발끝까지 정밀 검사하는 초음파 기계처럼 자신을 스캔하면서 드러낼 부분과 보완할 부분을 찾아보는 거다.

'아, 전택궁이 안 좋으니까 안경으로 가리고 부동산 투자는 하지 말자.'
'나보고 이마가 훤하다고들 하는데, 앞머리를 옆으로 넘겨볼까?'
'코가 현금이 흐르는 통로라고 했지. 콧구멍이 넓은 편이라 돈이 새니까 현금을 어디에 묻어 두기라도 해야겠어.'

어느 기업에서 강연이 끝난 뒤에 직원들의 관상을 보게 되었다. 지원자가 있는지 물었더니 저요, 저요, 외치면서 자기애를 적극적으로 드러내는 이들이 손을 들었다. 그런데 정작 눈에 들어온 사람은 맨 앞줄 끝에 부동의 자세로 앉은 20대 남성이었다. '아, 저 사람 몇 가지만 보완하면 잘 풀릴 텐데' 하고 한눈에 느꼈다. 살짝 붓 터치만 더하면 명작이 될 그림을 보듯 아쉬워 지나칠 수 없었다.

"코가 살짝 매부리코에 옆으로 휘었어요."

자신도 안다면서 고개를 끄덕였다. 코는 자신의 주체성을 보는 자리이므로 반듯해야 하는데, 코가 휘어 있으면 남들에게 휘둘리거나 돈이 털릴 상이다. 원래부터 그랬는지 물었더니, 어릴 때는 덜했다고 한다. 코가 옆으로 휘는 건 비뚤어진 자세 때문이니 바르게 앉거나 교정 치료를 받으라고 권했다. 게다가 자신도 모르게 입꼬리를 내리는 버릇이 있어 '뭔가 불만이 있나 보다' 하고 주변에 오해를 살 얼굴이라는 것도 알려주었다. 의식적으로 자주 웃으면서 입꼬리를 올리는 것만으로도 인상이 바뀌고 운이 나아진다. 그의 법령은 미래가 불명확한 20대의 고뇌를 드러내기라도 하듯 짝짝이였다. 관상에서 두 다리를 의미하는 법령이 짝짝이면 한쪽 다리에 깁스를 하거나 족쇄를 차고 있다는 의미다. 자신의 분야에서 앞으로 나아가거나 질주하지 못하는 형국이다. 꿈과 이상의 괴리인 걸까? 보아하니 신입 사원 같은데 일에 대한 고민이 많아 보였다. 머쓱하게 웃는데 그의 살짝 뒤틀린 앞니나 들쑥날쑥한 치아 상태로 보아 삶의 질서가 잡히지 않은 것 같아 보였다. 흔들흔들 마음이 무르고 감성적인 기질이 강할 터였다. 마음의 심지가 확 달아오르다가도 금세 꺼지는 거다. 그에게 젊음의 혈기로 서둘러 결정하지 말고, 관상을 보완하면서 인고의 시간을 가져보라고 조언했다.

"가슴 안에 불이 많아요. 화가 자주 나기도 하고 욱하는 성향이 보이네요. 지금 상황이 답답해서 그럴 수도 있고요."

마침 그는 붉은 셔츠를 입고 있어서 불난 가슴에 부채질하듯 자신을 태우는 모양새였다. 차분한 무채색 옷을 입으라고 권했더니, 내일부터 바꿔 보겠단다. 관상을 몇 가지만 보완해도 표정이 밝아지면서 자신감이 붙는다. 자기 확신의 등을 훤하게 켠 얼굴로 관상을 지속해서 보완해야 한다. 강산이 변할 때까지.

본래 관상은 머리끝에서 발끝까지 살피는 것이다. 불리한 상황이나 타인에게 눌려 자신이 축소된 느낌이 들면 목소리가 작아지고, 어깨가 오므라든다. 걸을 때도 터덜터덜 늘어지듯 걷다 보면 인상과 체상이 나빠지는 거다. '왜 이리 기운이 없어 보여?'라는 소리를 주변에서 든는다면 풀이 꺾이고 운이 움츠러드는 신호로 감지해야 한다. 자기 분야에서 입지를 굳히는 사람치고 이슬비 떨어지듯 미적지근한 목소리를 내는 이는 없다. 목소리를 의식적으로 호기롭게 장대비처럼 시원시원하게 내는 것만으로도 기가 회복된다.

재난처럼 사나운 불운이라 해도 강처럼 고요한 마음을 통과하면 잠잠해진다. '하늘이 내린 부자'라 불리는 기업 회장님들과 이야기를 나누다 보면 간단한 수식 어구에 가려진 눈물 나는 끈기에 놀랄 때가 많다. 타고난 운이 있었다기보다는 운이 좋아질 때까지 준비하며 기다리는 일이 많았다. 초창기 매출이 지지부진할 때 신용카드 현금 서비스로 직원 급여를 간신히 챙겨주면서 매달 고비를 넘겼다고 한다. 매출은 나아질 기미가 없고 빚을 갚을 도리는 없고, 발끝에 낭떠러지가 있는 듯한 상황에서 초연히 문제 해결에만 집중했던 거다.

'걱정한다고 문제가 해결되지는 않는다. 해결책은 내부에 있다.'
주변에 자문하고, 방법을 동원하면서 고통의 터널을 통과하는 힘은 어디에서 오는 걸까? 바람 앞의 촛불처럼 불안해하지 않는 심지에서 온다. 위기를 정면 돌파하려면 투우사처럼 전진해야 하는데, 그 밑바탕이 평정심이라는 거다.

새벽 세 시 이탈리아 공항에 홀로 도착한 스물한 살의 소녀는 비 내리는 캄캄한 도심 광장을 걸으며 빗방울 털듯 막막함을 툭툭 털고 다짐했다. '오, 이거 흥미로운데. 뭔가 큰일이 일어나겠어.' 될 사람은 된다는 각오로 새벽 다섯 시부터 프리마돈나처럼 단장하고 노래 연습부터 시작했다. 세계 3대 소프라노 조수미의 이야기다. 운이 열릴 때까지 마음에 불을 지피고 자신을 갈고 닦으며 수행한다. 노력이 기차처럼 길게 이어지다 보면 길운이 열리는 행로에 다다르기 마련이다. 이때 노력을 멈추지 않으면 운에 가속도가 붙는다. 무궁화호 속도에서 KTX의 속도로 운이 나아가는 거다.

'저에게 어울리는 길은 뭘까요?' 망망대해 한복판에서 묻는 듯한 질문을 받으면 고개가 갸우뚱해진다. '이 사람 내가 운명을 점지하는 신이라고 착각하는 거 아냐?' 싶은 거다. 전지전능한 신이라 해도 인간에게 자유의지를 주었으니, 인생은 정해진 길이 아니라 스스로 만들어 가야 하는 길에 가깝지 않은가. 그 길을 가다 보면 버티고 이겨내야 하는 시기가 계절이 순환하듯 반복적으로 다가오게 마련이다.

자신의 분야에서 자리 잡지 못한 사람은 관골이 뚜렷하게 드러나지 않고 약한 편이다. 원하는 회사에 입사하긴 했는데, 일에 대한 확신이 없어 마음이 갈팡질팡하는 상태라 꺼진 관골을 보며 조언했다. '해낼 수 있다'라는 본인에 대한 확신과 이루기 위한 구체적인 계획을 세워 무장한 채 적극적인 태도로 나서 보라고. 비옥한 땅을 찾기 전에 될성부른 나무의 떡잎이 되어야 한다고.

지켜진 삶

흰 커튼이 어스름하게 물들어 갈 무렵 기다렸단 듯이 카톡이 울렸다. 환자복을 입고, 짧은 스포츠머리를 한 소녀의 사진과 메시지가 떴다.

"선생님, 다 끝나쩌요??"

윤슬이었다. 반쯤 열린 문으로 가느다란 목을 쭉 내밀고 묻는 것만 같았다. 하루 잘 보냈냐고 물음표를 찍자마자 냉큼 답이 돌아왔다.

"네, 잘 이떠요. 보고 시퍼요. 마니."

3년 전 한 여성이 화장기나 흐린 미소도 없이 삶의 밑바닥을 그대로 드러낸 얼굴로 상담실에 들어왔다. 망연자실해 보였다. 수마가 할퀴고 간 뒤 무너진 집의 폐허를 바라보는 수재민의 표정이랄까. 그래도 '복구' 의지가 있어서 관상가를 찾아오지 않았을까 싶었다. 그녀는 윤슬이의 엄마였고, 사는 게 지옥이라고 했다. 금연가의 금단 현상처럼 하루에도 자살 충동이 빈번하게 몰려오는데, 알약의 화학 작용으로 버티고 있다고 했다. 병원 검사실을 전전하다 그녀가 온 곳은 언니뻘 되는 관상가와 독대하는 상담실이었다. 사연이 그득해 보이는 얼굴을 마주하고 앉아 이야기부터 들었다. 고등학생 딸을 혼자 키우는데, 아이가 늦은 밤길에 길을 건너다 트럭에 치여 의식을 잃었다고 했다. 생년월일을 받아보니 딸에게 악 삼재가 들어오는 시기였다.

"얼마나 아픈 건가요?"

"뇌신경이 손상되어서 몸이 원활하게 움직이지 않고, 머리도 백지상태예요."

열여덟 윤슬이는 시간을 거슬러 다섯 살 윤슬이로 돌아갔다. 아가씨 티가 나는 몸은 그대로지만 윤슬이의 세계는 축소되었다. 사고 당일, 항해사가 되겠다는 꿈을 품은 채로 교복을 다려 입고 등교하던 길, 방과 후 분식집에서 떡볶이를 같이 먹던 친구들, 이 모든 게 기억에서 사라졌으니 윤슬이에게는 잃은 것도 없고 슬픔도 없는 거다. 그런데 윤슬이는 자꾸만 슬퍼진다. 긴 잠에서 깨어나 눈을 떴을 때 환한 입원실 조명 아래 자신을 내려다보던 엄마가 하늘이 무너지듯 통곡해서다. 할머니나 숙모의 영문 모를 탄식이나 한숨에 갸우뚱해 하면서도 자신을 둘러싼 기류가 침울하고 비통해지자 풀이 죽었다. 장맛비가 내리면 몸이 처지고 마음이 눅눅해지듯, 윤슬이는 슬픈 공기에 젖어 들었다.

윤슬이는 아마도 두려웠을 거다. 자꾸 슬퍼하고 휘청거리는 엄마가 위태위태한 삶을 놓아버릴까 봐. 둥지 같은 엄마가 있으니까 자신도 버티는 건데, 엄마의 모습이 유약하니 자신도 흔들리는 거다. 윤슬이는 인지 기능은 잃었지만, 엄마의 기분만큼은 살필 줄 알았다. 수시로 눈을 마주치면서 엄마의 손을 움켜잡았다. 엄마, 하고 품에 안겨 볼을 비벼대기도 했다. 자신의 작은 세계를 느끼려는 듯이.

"윤슬이는 엄마만 보고 사는데, 자꾸 약해지면 어떡해요. 삼재가 지나가야 운이 나아지는데."

내가 어깨를 잡고 흔들듯이 달래도 윤슬이의 엄마는 감응하지 않았다.

"나아져도 얼마나 나아지겠어요. 아이 상태가 원래대로 돌아오는 것도 아니고."

창공이 높아지고, 콧속의 공기가 시원해지는 9월 무렵이었다. 미풍이 무성한 잎을 살랑살랑 흔들면서 여름이 지나가는 소리가 들리던 저녁, 윤슬이의 엄마는 일을 마치고 여느 때처럼 마트에서 저녁 반찬거리를 주섬주섬 사 들고 집으로 돌아왔다. 거실 형광등은 켜져 있는데 인기척이 없이 고요했다. 반찬거리를 바닥에 내려놓고 방마다 문을 여는데 윤슬이가 없었다. 이상한 예감에 사로잡혀 계단을 뛰어 올라가 옥상 문을 열어젖혔을 때 엄마의 심장이 철렁거렸다. 윤슬이가 가슴 높이의 옥상 벽 위로 몸을 올려 다리 한쪽을 걸치고 있었던 것이다.

"윤슬아! 너 지금 뛰어내리려는 거야? 죽으려고?"

윤슬이는 뒤에서 들리는 소리에 흠칫 놀라긴 했지만, 다리를 내리지도 등을 돌리지 않은 채 건물 밖 도로만 내려다볼 뿐이었다.

"그래, 이년아. 너 혼자 홀가분하게 가려고 했어? 그래 다 가버려. 뛰어내려! 죽어버리라고!"

얼굴이 벌겋게 달아오른 엄마는 온몸의 실핏줄이 터질 듯이 소리를 질렀다. 한 발자국도 움직이지 않았고, 손을 뻗어 윤슬이를 덥석 끌어내리려 하지도 않았다. 삶을 지탱해 온 모든 게 무너진 사람처럼 축 처진 몸으로 그 자리에 주저앉고 말았다. 윤슬이는 어깨를 들썩거렸다. 두 볼이 떨리더니 입술이 벌어졌다. 눈시울이 뜨거워지더니 일그러진 얼굴에 눈물이 흘러내렸다. 눈 딱 감고 뛰어내리면 그만인데, 한 발자국도 움직일 수 없었다. 무언가 자신을 강하게 붙잡았다. 죽을 테면 죽어버리라는 모든 걸 잃은 듯한 엄마의 절규가 윤슬이의 내부에서 메아리쳤다. 뜨겁고 절절한 엄마의 울음이 윤슬이를 강하게 끌어당겼다. 윤슬이는 몸을 반쯤 올린 벽에서 내려와 엄마 품에 와락 안겼다. 하얗게 젖은 엄마 얼굴을 보며 엉엉 울었다. 삶의 통증이 말끔히 나아서가 아니라 같이 울고불고 아파 하는 한 사람이 있다는 것. 그 연결이 삶이라는 연약한 끈을 붙잡는 이유가 된다고 윤슬이는 생각했다. '엄마가 나를 붙잡고, 내가 엄마가 붙잡아서 삶이 유지되는 거구나' 하고.

"윤슬아, 너 죽으려고 했다며? 2년만 지나면 몸이 좋아진다니까. 더 잘 움직일 수 있다고 했잖아."

엄마와 함께 상담실에 놀러 온 윤슬이에게 한마디 했더니 엄마 등 뒤에 숨어서 눈만 내밀었다. 숏다리라서 뛰어내리지 못한 거 아니냐고 하자 윤슬이는 그런 거 같다며 해죽이 웃었다.

"나는 숏다리 맞나 봐요. 다리가 안 올라가."

"그래, 숏다리라 다행이야. 앞으로는 그러지 마."

윤슬이의 얇은 어깨를 토닥이는데, 모처럼 단장을 했는지 외모가 달라 보였다. 삭발했던 머리가 자라 찰랑거리는 짧은 단발이 되었고 갈색으로 염색도 했다. 나와 사진을 찍을 때는 손으로 V자를 그리며 씩 웃었다.

재활 치료로 몸의 움직임도 예전보다 자유로워져서 방을 직접 쓸고 닦고 한다고 자랑했다. 청소할 때마다 엄마한테 천 원씩 달라고 하라니 알겠단다. 어제저녁에도 윤슬이가 카톡으로 천 원짜리 석 장을 부채꼴처럼 늘어놓은 사진을 보냈다. 물개 박수 이모티콘으로 답장을 보냈다. 햇빛 윤, 푸른 구슬 슬. '윤슬'이라는 이름은 그녀를 위한 나의 선물이다. 윤슬이와 엄마의 앞날을 비는 마음으로 지었다.

에필로그
가을밤의 우물가

20대의 나는 바늘 같았다. 0.1의 오차도 허용되지 않는 정확성으로 불결한 비듬 잡아내듯 상대의 잘못을 콕콕 집어냈다. 쏘아대는 눈빛에 까랑까랑한 말투까지 곁들였다.

"부인에게 잘못했으니 이혼당한 거예요."

"지금 사업하면 망한다고 말씀드렸잖아요. 왜 하셨어요?"

머쓱함에 구렁이 달아나듯 스르르 문을 빠져나간 사람들.

마흔이 되고 쉰이 넘어가면서 나는 둥글둥글해졌다. 물형관상으로 본다면 판다 곰을 닮아 간다. 이쪽저쪽 뒹굴며 풀을 뜯어 먹고 노는 판다처럼 여유 부리고 싶어진다. 옷을 입든 사람을 만나든, 예전처럼 바짝 당겨 조이지 않고 품이 넉넉해졌다. 얼마 전에는 철강회사 대표가 찾아왔다. 되는 일이 없어서 죽어버리고 싶다고.

"얼마나 힘드셨으면."

'아는' 관상가 말고, '알아주는' 관상가로 오래 남고 싶다. 아는 건 지식에 머무르지만, 알아주는 건 외딴 섬 같은 마음에 길을 낸다. 숨통을 트이게 하고 그를 섬 밖으로 걸어 나오게 한다. '빙판길에서 뛰지 말라고 했잖아.' 하고 손가락질하는 건 아는 것에 그칠 뿐 그를 구하지는 못한다. 처지를 알아주고 손을 뻗쳐 도와야 그가 일어설 수 있다.

"5개월 뒤에 운이 좋아지는데 그래도 목숨을 포기하고 싶으세요?"

"아, 그래요? 그러면 어떻게든 버텨야지요. 그 말 믿고 힘내도 되나요?"

"그럼요. 제가 알려드린 대로 노력을 하셔야 합니다."

굳은 얼굴이 펴지더니 눈을 깜박거렸다. 볼에 생기가 돌고 입술 근육도 활발하게 움직였다.

"인복이 없다는 얘기를 많이 들으셨을 겁니다. 다혈질인 데다 인색하셔서 그래요. 귀가 얇아서 사기당하기도 쉽고요."

얼굴을 살피며 조곤조곤 설명해 주니 그의 들뜬 표정이 가라앉으며 차분해졌다.

"아, 제가 그렇군요."

자신에 대해 아무도 해주지 않았던 말. 그는 고개를 천천히 끄덕이며 생각에 잠겼다. 관상가의 말은 그의 내부로 흘러 들어가 우물가처럼 퍼진다. 시인 윤동주가 가을밤 외딴 우물 속에 비친 자화상을 바라보았듯, 자신을 마주한다.

산모퉁이를 돌아 논가 외딴 우물을 홀로 찾아가선 가만히 들여다봅니다.

우물 속에는 달이 밝고 구름이 흐르고 하늘이 펼치고 파아란 바람이 불고 가을이 있습니다.

그리고 한 사나이가 있습니다.
어쩐지 그 사나이가 미워져 돌아갑니다.

돌아가다 생각하니 그 사나이가 가엾어집니다.
도로 가 들여다보니 사나이는 그대로 있습니다.

다시 그 사나이가 미워져 돌아갑니다.
돌아가다 생각하니 그 사나이가 그리워집니다.

우물 속에는 달이 밝고 구름이 흐르고 하늘이 펼치고 파아란 바람이 불고 가을이 있고 추억처럼 사나이가 있습니다.

윤동주가 우물 속 자기 얼굴을 들여다볼 때, 그의 내부에서는 감정의 파도가 솟구쳤다. 자기혐오와 미움, 연민. 불완전한 자신과의 만남은 가을밤의 우물가가 아니라 관상가와 마주 앉은 고요한 상담실에서도 이루어진다. 내부를 훤히 비추는 관상가의 말을 따라 자신을 들여다본다. 낯선 사람 앞에서 홀딱 벗겨지는 기분. 과장이나 숨김없이 삶의 실체를 마주하다 보면 얼굴이 붉어지고 호흡이 빨라진다. 억지로 웃음을 짓다가도 꺼지듯 한숨을 쉬고, 울음이 터졌다가도 멎는다. 그 요란한 감정 위에 올라서서 자신을 찬찬히 바라보는 사람에게 관상은 희망의 불씨까지는 아니더라도 적어도 길잡이는 될 수 있다. 여정의 시작은 거울 속 자신을 들여다보고 매만지면서부터다.

KTX의 속도로 질주하며 살다 보니 자기 안색을 살필 겨를도 없이 살아가는 이들, 꽁꽁 싸맨 삶의 짐 보따리를 내 앞에서 겨우 펼쳐 보이는 그들 앞에서 나는 모양이 둥글고 품이 넉넉한 가을밤의 우물가가 되고 싶다.

부록
얼굴 유형에 따른 성격과 직업

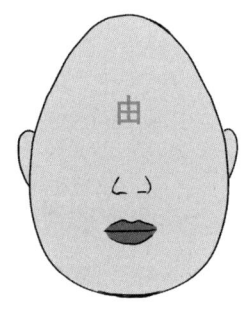

유자형 由字形

유자형은 이마가 좁고 턱이 넓다. 이마는 하늘이고 턱은 땅이다. 이마가 빈약하니 초년이 박복하고 학업에 운이 따르지 않아 고관직에 오르기 어렵다. 중년 이후에는 자수성가한다. 사업가, 산림업, 농업 계열이 좋으며, 턱이 발달하여 활발한 활동과 재산 축적으로 풍요로운 말년을 보낼 수 있다. 성격이 급하고 자존심이 강하며, 결단력이 뛰어나다.

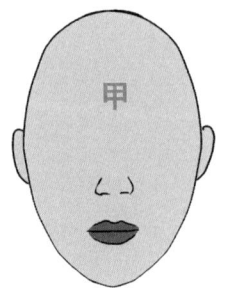

갑자형 甲字形

갑자형은 이마가 넓고 좋으나, 눈꼬리에서부터 아래턱까지 살이 빠졌다. 하늘은 넓고 땅은 좁은 격이다. 부유한 집에서 태어나 학업에 열중하며 호강하는 초년 운이 좋은 형이다. 머리는 비상하나 생각이 너무 많고 자기표현을 하지 못해 사업이나 정치에는 맞지 않다. 심성이 고우며 불편함을 표현한 적이 없다. 그러려니 하고 사는 편이며 착실한 성품으로 자기희생적이다. 예민한 성격에 감수성이 뛰어나 예술가, 학자, 연구원, 교육자가 좋다.

신자형 申字形

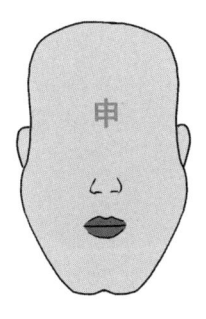

신자형은 중정의 광대뼈가 매우 발달하고 이마가 좁고 턱이 말랐다. 초년과 말년에 고생이 많다가, 보편적으로 35세에서 50세까지 출세한다. 양 눈썹꼬리가 희미하고 찢어진 것이 특징이며 입술이 얇은 편이다. 굳은 의지로 부모 덕이 없는 초년 운을 회상하며 노력해 30대 이후에 차츰 가산이 늘어가지만, 말년에 어려워진다. 사업가, 상업, IT 계열 종사자가 많다. 자신이 본래 지닌 마음을 남에게 털어놓지 않는 게 특징이며, 평생의 소원으로 자수성가를 꿈꾸지만 전전긍긍하는 편이다.

전자형 田字形

전자형은 얼굴의 형태가 밭 전田 자처럼 사각형이다. 눈도 큰 편으로

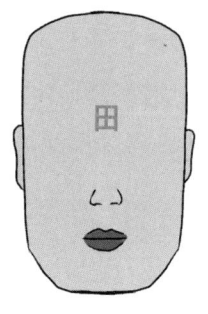

시원시원하고, 씩씩해 보인다. 코도 원만하며 입도 네모진 듯하다. 이마와 턱의 넓이가 같은 것이 특징이다. 남의 동정을 받지 않고, 자신 또한 선심 쓰지 않으면서 오직 목표만을 향해 성실하게 노력하는 근면가이다. 건강하고 정열적이며 성실한 편으로 군인, 경찰, 스포츠 선수, 무용, 연극배우 등이 좋다. 관직이나 사직에 다 통하며, 어느 일이나 원만하게 해결해 나간다. 그중에 근면성을 내세워 자기 사업에 열중하여 목표를 이룰 수 있다. 대개가 교편생활 아니면 약사, 의사, 한의사 계통을 동경하거나 특이한 업종에서 최선을 다하려는 사람이다.

동자형 同字形

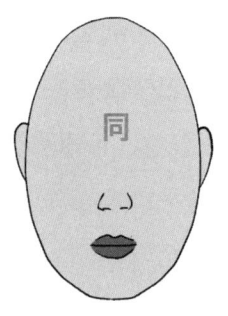

동자형은 이마, 관골, 턱에 이르는 육부가 풍만하고 평평하다. 약간 갸름하면서 살이 적당히 찌고 살결이 몹시 부드럽다. 눈이 찢어진 편도 둥근 편도 아니어서 좋은 상이다. 코도 둥근 편도 뾰족한 편도 아니며 입술 역시 얇지도 두둑하지도 않다. 한 눈으로 볼 때 인자한 인상을 풍기며 생김새와 같이 평탄한 인생을 산다. 마음도 온화하고 강유를 겸하고 있어 강한 사람에게는 강하게, 부드러운 사람에게는 부드럽게 대하는 원만형이다. 학자, 행정관, 법관, 과학자들이 많으며 사교성이 약하다. 덕이 있어 사람이 따르고 관계, 상계, 정계에서 모두 성공할 수 있다.

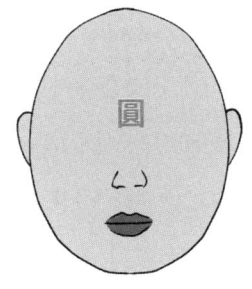

원자형 圓字形

원자형은 얼굴은 물론 눈, 코, 입이 다 둥글고, 귀도 둥근 것이 특징이다. 평생 남의 것을 탐내는 법이 없으며 내 것도 주는 법도 없는 실질형이다. 재물과 금전 관리에 탁월하여 상당한 재산을 모은다. 하지만 지독한 집념가는 아니어서 재벌이 된다는 마음은 없고, 살기에 충분한 선에서 멈추는 것이 특징이며 먹는 것을 좋아한다. 평생 재물과 금전에 인연을 갖고 살다 보니 종종 문제가 생기는 것도 흠이다. 수명은 80에서 90을 오르내리며 만약 콧대가 매우 약하다면 35세나 40세까지 지독한 고생을 하고 40대 이후부터는 성공한다. 말년에는 무척 여유로운 생활을 하는 게 보통이다. 은행가, 회사 중역, 증권사, 상공업계, 부동산 직종이 좋다.

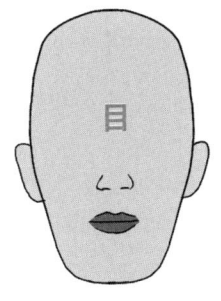

목자형 目字形

목자형은 얼굴이 길고 좁아 메주 같이 네모졌다. 얼굴과 이마, 관골, 광대뼈가 모두 좁은 형국이다. 삼정이 좁은 만큼 마음이 좁고 유난히 꼼꼼하고 의심이 많다. 그런 까닭에 폭넓은 정치, 외교, 사업에는 적합하지 못하다. 초등 교사, 세공사, 의료계 종사자, 조각가, 화가, 원예사로 활동한다면 뛰어난 솜씨로 모든 사람에게 인정받을 수 있다. 눈썹도 가늘고, 눈도 가늘고, 코도 길고, 입도 좁고, 입술도 얇다. 모든 이목구비가 다 갸름하고 얇다. 그래서 도량을 너그럽게 펴 나갈 줄 모른다. 남의 것도 좀처럼 넘보지 않고 내 것도 꼭 쥐고 셈하듯 쓰고 사는 사람이다. 원자형이나 갑자형 배우자를 만나면 원만한 생애를 보내지만, 다른 형을 만나면 불만족한 인생을 살아간다.

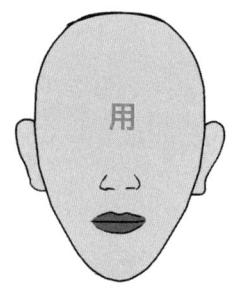

용자형 用字形

용자형은 아래턱뼈가 모진 편이다. 살이 찐 얼굴형에 이마가 높고 하관이 갸름한 인상을 준다. 눈은 약간 둥근 편이다. 보편적으로 정치가나 투기가가 많은 용자형은 무슨 일에 대해 득이 된다는 마음이 들면 전후 사정 상관없이 덤비며 성패 득실의 기복이 심한 편이다. 고집이 세고 성격이 모난 데가 있어서 타인과 대립하고 싸우는 경우가 잦다. 화를 잘 참지 못한다. 개발 사업이나 증권 사업에 종사하는 경우가 많으며, 운수업(택시 기사, 버스 기사, 배 항해사, 비행기 기장)으로는 0점이다.

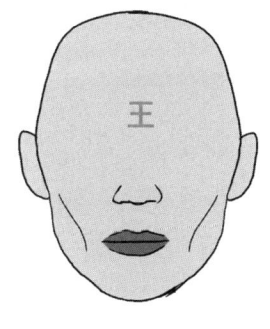

왕자형 王字形

왕자형은 이마와 광대뼈, 턱뼈가 솟고 뚜렷이 나온 형이다. 이마의 천창이 튀어나와 있어 부모 덕이 없으며 초년 시절부터 많은 일을 겪는다. 권위 의식이 강하여 입신양명에 오를 기회를 만들지만, 욕심이 많아서 결국은 헛수고만 한다. 왕자형은 눈이 긴 듯하며, 보편적으로 윗입술이 얇다. 임기응변에 천재적인 기질을 가지고 있으나 올바르게 쓰지 않고 기만적인 면에 몰두함으로써 도박과 상술을 부린다. 대부분 고정 직업이 없고 득이 되는 것을 닥치는 대로 한다. 투자 컨설팅, 경매, 로비스트, 용역, 영업직 계통이 잘 맞으며 기만적인 면이 많아 사기꾼이 많다.

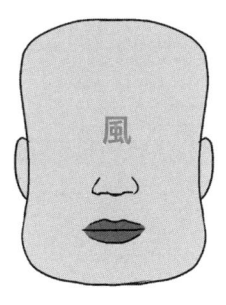

풍자형 風字形

풍자형은 글자 그대로 이마가 넓고 관골이 좁으며 턱이 딱 벌어져 있어 첫눈에 봐도 호감이 안 가는 상이다. 사교술에 능하고 유흥을 좋아해 금전 모으기가 힘들며, 한 가지 일을 오래 하지 못해 방랑자처럼 떠돈다. 책임지지 못하는 장담으로 일생을 살아가는 편이다. 남자는 여자관계가 빈번하여 가정에 안정도가 떨어지며, 여자는 일생을 과부로 살아가는 딱한 처지이다. 풍자형은 눈이 부리부리하여 광채가 나고 입도 풍만한데 광대뼈와 콧날이 약하다. 관골은 사회적인 진취성을 표현하고, 코는 재물을 뜻한다. 이마가 좋아 모든 면에서 비상한 지모를 발휘하지만, 사회 운과 재산 운이 빈약하여 재주를 부리지 못한다. 무에서 유를 창조하려 하지만 뜻대로 되지 않는 바람 같은 삶이다. 투기 사업, 무역업, 차 사업, 개발 사업, 증권, 수면 매립, 공터 매립 종사자가 많다.

운의 창조 | 스스로 운명을 개척하는 관상

초판 발행   2023년 4월 1일
2쇄 발행   2023년 8월 10일

지은이   김민정
발행인   김태한 외1명
펴낸곳   책과강연
총괄기획   이정훈
도서제작기획   김태한
편집   김은아
주소   서울 서초구 서초대로 54길 9-8 예림B/D
전화   02-6243-7000
블로그   blog.naver.com/writingin180days
홈페이지   mybrandingstory.com
인스타그램   @writing_in_180_days
유튜브   책과강연
카카오톡   writing180
등록   2017년 7월 2일 제2017-000211호

ISBN   979-11-972027-5-9   03180

- 책 가격은 뒤표지에 있습니다.
- 파본은 구입하신 서점에서 교환해 드립니다.
- 저자와 협의 하에 인지를 생략합니다.